APPRENDRE LE JAPANAIS
Hiragana
& Katakana

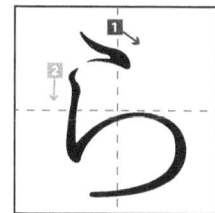 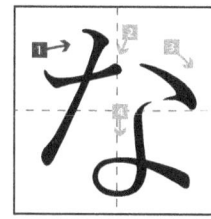 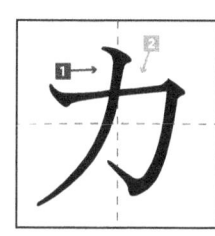 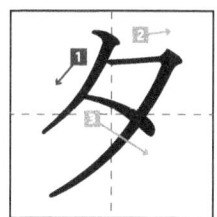

ÉDITION DOUBLE CLASSEUR 2-EN-1

© Copyright 2020 George Tanaka
Tous Droits Réservés

POLYSCHOLAR

www.polyscholar.com

Avertissement légal : Ce livre est protégé par le droit d'auteur. Ce livre est uniquement destiné à un usage personnel. Le contenu de ce livre ne peut être reproduit, dupliqué ou transmis sans l'autorisation écrite directe de l'auteur ou de l'éditeur. Vous ne pouvez pas modifier, distribuer, vendre, utiliser, citer ou paraphraser toute partie du contenu de ce livre sans le consentement de l'auteur ou de l'éditeur.

© Copyright 2020 George Tanaka
Tous Droits Réservés

POLYSCHOLAR

www.polyscholar.com

Avertissement légal : Ce livre est protégé par le droit d'auteur. Ce livre est uniquement destiné à un usage personnel. Le contenu de ce livre ne peut être reproduit, dupliqué ou transmis sans l'autorisation écrite directe de l'auteur ou de l'éditeur. Vous ne pouvez pas modifier, distribuer, vendre, utiliser, citer ou paraphraser toute partie du contenu de ce livre sans le consentement de l'auteur ou de l'éditeur.

CONTENU

PART 1 Introduction 4
  Comment utiliser ce guide 4
  Informations générales 5
  Conseils d'écriture 7

PART 2 Tableaux Hiraganas & règles de base 9

PART 3 Apprendre à écrire en hiragana 14

PART 4 Tableaux Katakana & règles de base 61

PART 5 Apprendre à écrire en katakana 66

PART 6 Genkouyoushi 113

PART 7 Cartes flash 146

Astuce: *Ce guide convient particulièrement bien aux stylos gel, aux crayons, aux stylos à bille et autres formes d'écriture similaires. Soyez prudent avec les marqueurs et l'encre, car les supports lourds ou humides peuvent provoquer un débordement du papier ou un transfert sur les pages inférieures. Voici quelques boîtes de test pour vérifier si vos stylos conviennent :*

Introduction

Le premier pas pour apprendre à lire, écrire et parler le japonais est d'apprendre le Hiragana & Katakana ! Si vous vous lancez directement dans les tableaux des caractères Kanji, vous risquez vite d'être découragé, mais ce guide a été conçu pour faciliter et accélérer la maîtrise de l'écriture.

Nous commencerons par parcourir quelques informations de base pour vous permettre de mieux comprendre le fonctionnement du système linguistique dans son ensemble. Puis, après un bref aperçu des différents "alphabets" (oui, il y en a plus d'un !), nous passerons directement à l'apprentissage des kana !

Comme pour toute langue, la répétition est l'un des moyens les plus rapides pour s'imprégner. Ce cahier d'exercices contient des pages d'instructions soigneusement conçues qui vous apprendront à écrire chaque caractère, avec suffisamment d'espace pour mettre en pratique vos nouvelles connaissances en calligraphie japonaise :

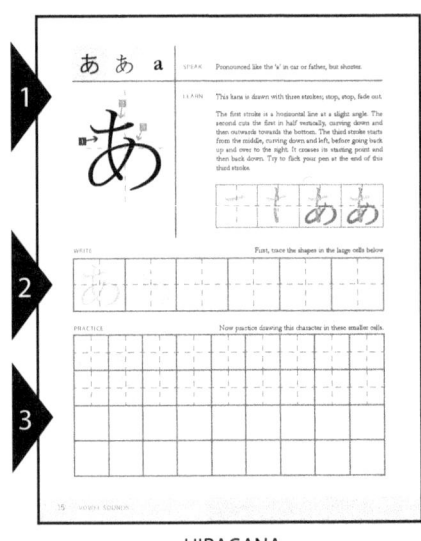
HIRAGANA

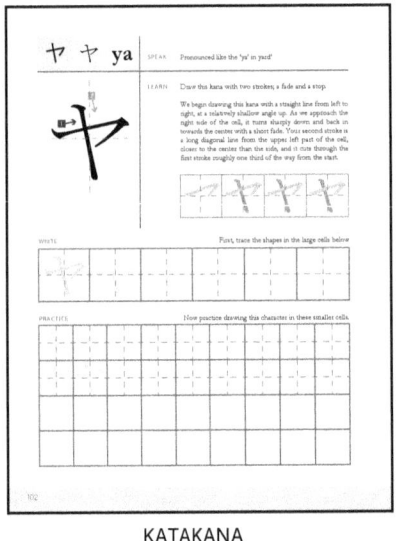
KATAKANA

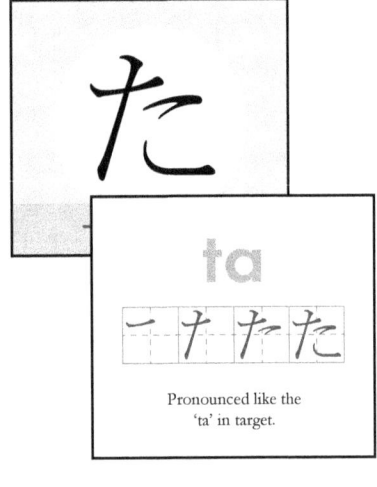
Cartes Flash

Vers la fin du cahier, vous trouverez des tableaux supplémentaires qui vous permettront d'apprendre à écrire certains (ou même tous) les kana. Ces tableaux sont appelés traditionnellement Genkouyoushi (en japonais), ce qui signifie "papier manuscrit".

La dernière partie de ce cahier d'exercices contient un ensemble de pages de style carte flash qui peuvent être photocopiées ou découpées. Elles constituent un excellent moyen de vous aider à mémoriser les symboles et à tester vos connaissances. *Les jeunes apprenants doivent demander l'aide d'un adulte pour les découper !*

Informations Générales

LES ÉCRITURES JAPONAISES

En apprenant le japonais, vous rencontrerez quatre types d'écritures (ou alphabets) très différents. Si cela peut sembler compliqué au premier abord, cela devrait prendre tout son sens dans un instant, d'autant plus que vous en comprenez déjà un !

RŌMAJI ロマンジ

Signifiant littéralement "lettres romaines", il s'agit en fait d'une représentation de la langue japonaise avec des lettres familières. Il n'est utilisé que pour traduire la langue dans une forme que les non-japonais peuvent comprendre. Il n'est pas très courant dans l'usage quotidien.

Les trois autres écritures, Hiragana, Katakana et Kanji, sont utilisées en permanence et sont généralement combinées pour former des mots et des phrases dans l'écriture japonaise quotidienne. Chaque écriture a sa propre utilité et, ensemble, elles nous indiquent le sens des mots, leur origine et la manière dont ils doivent être prononcés.

HIRAGANA ひらがな

あいうえおかきくけこ

Cette écriture est la première que nous devons apprendre, et elle se compose de caractères simples avec des formes rondes. Contrairement à l'alphabet romain, cette écriture est phonétique et chaque caractère représente le son d'une syllabe. Chaque fois que vous verrez un caractère spécifique, vous saurez comment il se prononce.

KATAKANA カタカナ

アイウエオカキクケコ

Cette écriture constitue également une écriture phonétique simple. Les katakana représentent les mêmes sons syllabiques que les Hiragana, mais sont utilisés pour les mots empruntés à d'autres langues, comme les noms étrangers, les technologies modernes ou les aliments, par exemple. Leur aspect est plus anguleux et plus *pointu*.

Informations Générales

KANJI 漢字

Traduits littéralement par "lettres chinoises", les Kanji sont des caractères empruntés à la langue chinoise. Contrairement aux autres écritures qui représentent des sons, les symboles Kanji représentent des blocs de sens, comme des mots entiers ou une idée générale sur quelque chose.

年本月生米前合事社京

Il existe littéralement des milliers de Kanji, et de nouveaux sont créés en permanence, ce qui les rend difficiles à maîtriser, même pour les linguistes les plus avancés. Il existe une certaine logique dans leur composition, de sorte que vous finirez par comprendre ou deviner des symboles que vous n'avez jamais vus auparavant.

KANA SYLLABARIES

Les Hiragana et Katakana (plus connus sous le nom de Kana) comportent chacun **46 caractères de base** qui, contrairement aux lettres françaises, représentent un son parlé différent *(au lieu d'une lettre)*.

Hiragana	あ	い	う	え	お
Katakana	ア	イ	ウ	エ	オ
Romaji	a	i	u	e	o
Prononciation	'ah'	'ee'	'oo'	'eh'	'oh'

Les cinq voyelles

Dans ce guide, vous apprendrez à écrire tous les Katakana de base, mais aussi à créer des sons supplémentaires en combinant les symboles de base. À la fin du livre, vous serez en mesure d'écrire les caractères qui composent la plupart des sons indispensables à la langue japonaise.

Les pages suivantes contiennent beaucoup d'informations, mais ne vous laissez pas submerger. En plus des tableaux de tous les kana de base que vous apprendrez, nous expliquerons certaines des règles de base pour combiner ces symboles - puis il sera temps de mettre le stylo sur le papier !

Conseils d'écriture

DIRECTION D'ÉCRITURE

On voit souvent les textes japonais en colonnes verticales. Sous cette forme, on écrit et lis de haut en bas, une colonne à la fois, en commençant par le côté droit de la page. Depuis la fin de la Seconde Guerre mondiale, on utilise l'orientation horizontale, plus familière, qui se lit de gauche à droite, comme dans la langue française. Cette règle s'applique à tous les types d'écriture.

Le texte de ces exemples est identique, à l'exception du sens de lecture et d'écriture :

1.
私は犬を飼っています。
彼女は行儀が良い。
彼らは寝るのが好きです。
多くの場合、一日中。
多分彼女は怠け者です。
2.

Tategaki
縦書き
("l'écriture verticale")

1.
私は犬を飼っています。
彼女は行儀が良い。
彼らは寝るのが好きです。
多くの場合、一日中。
多分彼女は怠け者です。

Yokogaki
横書き
("l'écriture horizontale")

Ces deux styles sont connus et sont souvent choisis en fonction de la mise en page et de la conception du document concerné. En général, la mise en page verticale est utilisée pour les textes traditionnels, tandis que le texte horizontal se retrouve dans les écrits plus modernes ou sur les documents officiels. Une chose à retenir est que les livres au style d'écriture tategaki (vertical) sont reliés dans le sens inverse des livres français, de sorte que vous les lirez en commençant par le dos !

PRONONCIATION

Une bonne prononciation du japonais se prépare dès l'apprentissage des kana, puisqu'ils couvrent la plupart des sons dont nous avons besoin pour l'ensemble de la langue. Il est important de s'exercer à ce stade précoce si vous voulez développer un accent naturel et natif.

Remarque : Ce cahier d'exercices comprend une introduction très basique à la prononciation japonaise, car elle s'enseigne plus efficacement avec l'audio. Chacune des pages d'exercices utilise un mot ou une syllabe de l'anglais ayant une consonance similaire pour décrire les sons - il est bon de les répéter à voix haute au fur et à mesure que vous progressez dans le livre.

Conseils d'écriture

TRAITS & LIGNES

Les écritures japonaises étaient à l'origine écrites au pinceau et ont un aspect encré et peint. Aujourd'hui, nous utilisons des stylos modernes, mais il est important d'apprendre à écrire avec les mouvements et les **traits** traditionnels. Par chance, le caractère Hiragana け (ou 'ke') contient chacun des trois types de traits que vous emploierez. Pour vous aider à décrire la façon d'écrire les caractères dans le chapitre suivant, nous leur avons donné des noms qui reflètent leur conception et leur apparence :

Saut dégradé   *Coup d'arrêt*   *Coup dégradé*

Le **"Saut dégradé"** est obtenu en retirant rapidement le stylo du papier à la fin du trait. Le **"coup d'arrêt"** est exactement ce qu'il semble être, c'est-à-dire que votre trait s'arrête définitivement avant que vous ne leviez votre stylo. Un **"coup dégradé"** est réalisé en soulevant plus doucement le stylo du papier pendant que votre main est en mouvement. Vous pouvez imaginer comment le trait pourrait s'affiner et s'estomper si vous retiriez progressivement de la page la pointe d'un pinceau épais et humide.

STYLES D'ÉCRITURE

Ce guide vous apprendra à écrire les Hiragana avec les mouvements standard basés sur les apparences brossées, mais vous rencontrerez d'autres styles de caractères au cours de votre apprentissage :

Ces caractères ont tous la même signification, mais ont juste un aspect un peu différent étant donné qu'ils sont faits soit à la main, avec des stylos ou des crayons, soit affichés sous forme de police numérique moderne sur un écran (ou en imprimé). Même si l'apparence change légèrement, le sens reste le même.

Partie 2

TABLEAUX HIRAGANA & RÈGLES DE BASE

Tableau Hiragana

Ce tableau illustre les 46 Hiragana de base avec leur équivalent phonétique en Romaji. Les voyelles sont en haut et leurs homologues consonantiques sont en bas.
**Notez l'exception 'n' - aussi, *wo est un kana peu commun.

Voyelles

	a	i	u	e	o
	あ a	い i	う u	え e	お o
k	か ka	き ki	く ku	け ke	こ ko
s	さ sa	し shi	す su	せ se	そ so
t	た ta	ち chi	つ tsu	て te	と to
n	な na	に ni	ぬ nu	ね ne	の no
h	は ha	ひ hi	ふ fu	へ he	ほ ho
m	ま ma	み mi	む mu	め me	も mo
y	や ya		ゆ yu		よ yo
r	ら ra	り ri	る ru	れ re	ろ ro
w	わ wa		ん **n		を *wo

Les consonnes

Modificateurs

DIACRITIQUE

En plus du Hiragana de base, il existe 25 symboles diacritiques. Ces symboles sont utilisés pour les syllabes à consonance similaire, mais dont la voix est différente. Il s'agit essentiellement des mêmes symboles de base, mais avec des marques supplémentaires pour indiquer qu'elles doivent être prononcées avec un son légèrement différent :

は ha	▶	ば ba	ぱ pa
Basique		*avec Dakuten*	*avec Handakuten*

Les Hiragana de base avec ces petits traits (**Dakuten**) ou un cercle (*Handakuten*) au-dessus d'eux montrent que la partie consonante du son doit être modifiée à l'oral :

- Le son **k** se prononce avec un son **g**.
- Le son s se transforme en son z (sauf pour し).
- Le son **t** devient un son **d**.
- Le son **h** devient un son **b** avec *Dakuten*.
- ...ou le son **P** avec *Handakuten*.

	a	i	u	e	o
k ▶ g	が ga	ぎ gi	ぐ gu	げ ge	ご go
s ▶ z	ざ za	じ ji	ず zu	ぜ ze	ぞ zo
t ▶ d	だ da	ぢ dzi (ji)	づ dzu	で de	ど do
h ▶ b	ば ba	び bi	ぶ bu	べ be	ぼ bo
h ▶ p	ぱ pa	ぴ pi	ぷ pu	ぺ pe	ぽ po

Modificateurs

DIGRAPHES

On appelle cet ensemble de symboles des Digraphes - utilisant deux caractères de base que nous avons déjà vus ; ils montrent où deux sons de syllabes sont combinés pour en créer un nouveau :

き + や = きゃ
(ki)   (ya)   (kya)

Lorsque vous écrivez ces lettres, il est essentiel que le deuxième symbole soit nettement plus petit que le premier. Cela nous permet de savoir que les deux sons doivent être combinés.

La prononciation de ces sons Hiragana dits composés est assez simple - par exemple, き (ki) + や (ya) devient きゃ (kya) et nous le prononçons comme 'kiya' sans le son 'i'.

Ne laissez pas le tableau ci-dessous vous effrayer - tous les digraphes sont composés exclusivement de lettres de la colonne い/i (à l'exception de lui-même) et ils ne sont modifiés que par des lettres de la rangée Y !

きゃ kya	きゅ kyu	きょ kyo	ぎゃ gya	ぎゅ gyu	ぎょ gyo
しゃ sha	しゅ shu	しょ sho	じゃ ja	じゅ ju	じょ jo
ちゃ cha	ちゅ chu	ちょ cho	にゃ nya	にゅ nyu	にょ nyo
ひゃ hya	ひゅ hyu	ひょ hyo	びゃ bya	びゅ byu	びょ byo
ぴゃ pya	ぴゅ pyu	ぴょ pyo	りゃ rya	りゅ ryu	りょ ryo
みゃ mya	みゅ myu	みょ myo			

Modificateurs

CONSONNES DOUBLES

Il convient également de savoir que certains mots japonais contiennent un double son consonantique. Pour écrire ces mots, nous ajoutons un symbole supplémentaire sous la forme d'un petit つ/tsu (appelé sokuon) pour montrer qu'il doit être prononcé différemment. Prenons un exemple :

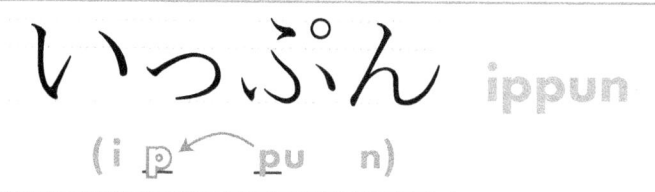

Sans le petit つ (tsu), le mot いぷん (ipun) n'a pas de sens, mais いっぷん (ippun), avec le sokuon, veut dire (une) minute.

On remarque que le petit つ est placé **avant** le caractère dont il prend le son consonantique supplémentaire. Lorsque vous voyez des mots avec ce modificateur, la partie consonante du symbole qui le suit (*dans cet exemple, le "p" de "pu"*) est ajoutée à la fin du son qui le précède.

Les deux consonnes doivent être entendues séparément lorsque le mot est prononcé, comme en disant **"ip-pun"**, mais sans laisser d'espace audible.

LES VOYELLES LONGUES

Tout comme pour les consonnes doubles, nous devons être conscients des voyelles allongées (par exemple, aa, ii, oo, ee et uu). À l'oral, nous allongeons simplement la durée du son (généralement double) mais à l'écrit, le son de la voyelle allongée est indiqué par un caractère supplémentaire (appelé chouon). Le caractère utilisé varie en fonction de la voyelle :

Voyelle	Prolongateur
a	あ
i / e	い
u / o	う

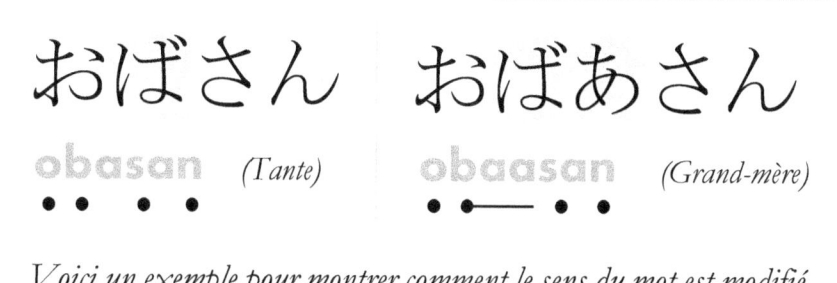

Voici un exemple pour montrer comment le sens du mot est modifié par l'ajout (ou l'exclusion) du son de voyelle plus longue !

La langue japonaise est pleine d'exceptions, mais on les apprend généralement avec la pratique. Il est simplement utile de connaître les consonnes et les voyelles doubles pour l'instant, afin de pouvoir les comprendre lorsque vous en voyez une.

Partie 3

APPRENDRE À ÉCRIRE EN HIRAGANA

 a

PARLER Prononcé comme le "a" de "après" ou "appareil".

APPRENDRE

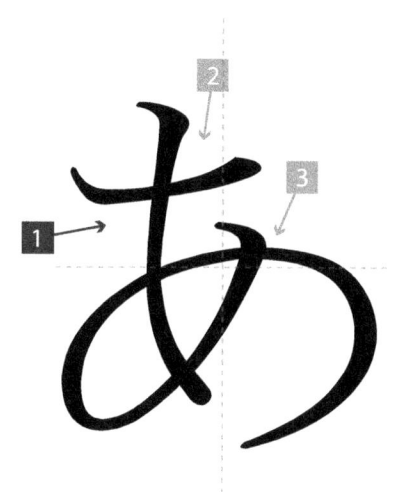

Ce kana se dessine en trois traits : arrêt, arrêt, dégradé.

Le premier trait consiste en une ligne horizontale légèrement inclinée. Le deuxième coupe le premier en deux verticalement, en s'incurvant vers le bas, puis vers l'extérieur en direction du bas. Le troisième trait part du milieu, s'incurve vers le bas et la gauche, avant de remonter vers le haut et la droite. Il traverse son point de départ, puis redescend. Essayez de faire glisser votre stylo à la fin de ce troisième trait.

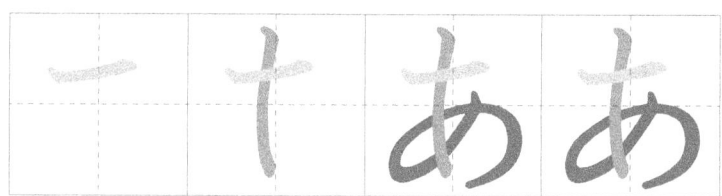

ÉCRIRE   Commencez par tracer les formes dans les grandes cellules ci-dessous.

S'ENTRAÎNER   Ensuite, entraînez-vous à dessiner ce caractère dans ces petites cellules.

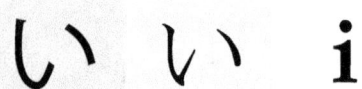

PARLER   Pronounced like the 'ee' in eel.

APPRENDRE

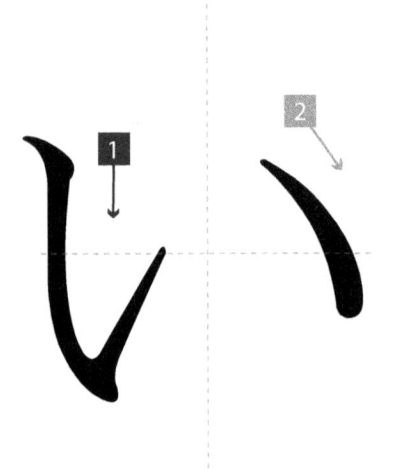

This kana is drawn with two strokes; jump fade, stop.

Le premier trait est une ligne diagonale incurvée qui tourne brusquement vers le haut en bas et se termine par un coup de crayon. Ce type de relâchement avec un virage serré s'appelle un hane. Lorsque vous écrivez un hane, c'est comme si ce trait était relié au suivant. Le deuxième trait commence presque là où le premier s'arrête - dessinez une ligne incurvée opposée au premier trait, plus courte que le premier, sans le hane.

ÉCRIRE   Commencez par tracer les formes dans les grandes cellules ci-dessous.

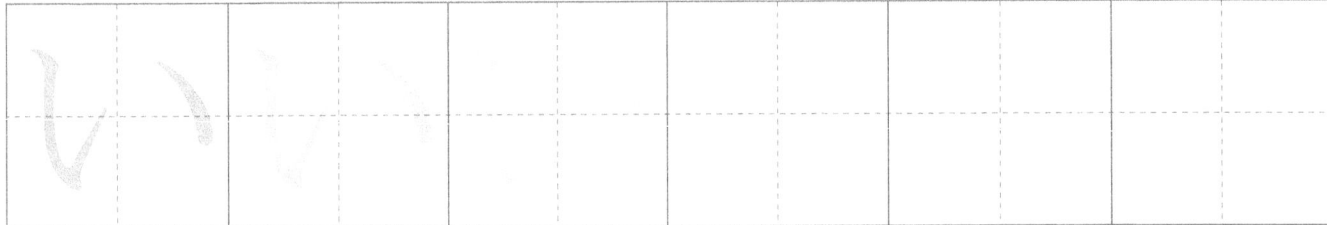

S'ENTRAÎNER   Ensuite, entraînez-vous à dessiner ce caractère dans ces petites cellules.

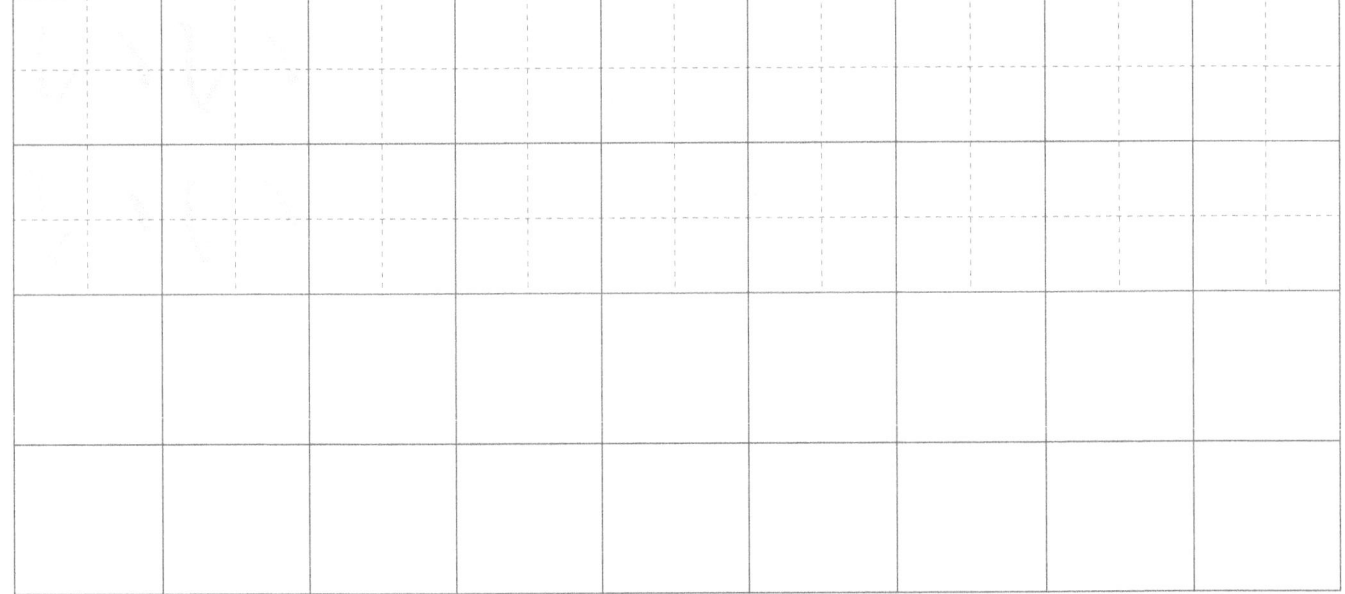

PARLER   Prononcé comme le "u" dans "unité".

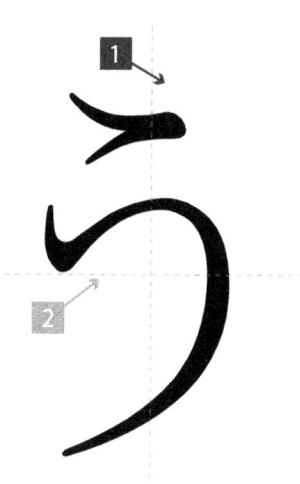

APPRENDRE

Ce kana se dessine avec deux traits ; saut dégradé, arrêt.

Tracez un trait court et oblique en haut au centre, puis faites glisser votre stylo vers l'arrière et vers la gauche. Faites attention au deuxième trait lorsque vous éloignez le stylo - il commence presque là où le premier s'est terminé, dans la même direction. La forme de l'oreille s'incurve vers la droite, puis vers le bas jusqu'au centre. Faites glisser votre stylo lorsque vous terminez ce trait également. Le premier trait ne doit pas être trop grand, sinon il paraîtra disproportionné.

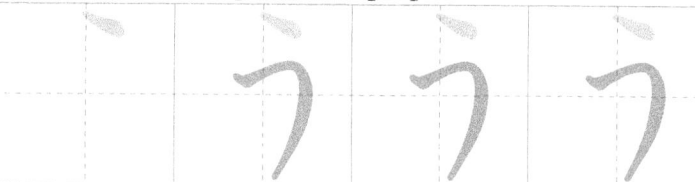

ÉCRIRE   Commencez par tracer les formes dans les grandes cellules ci-dessous.

S'ENTRAÎNER   Ensuite, entraînez-vous à dessiner ce caractère dans ces petites cellules.

| え | え | e |

PARLER　Prononcé comme le "é" comme dans "étirement".

APPRENDRE

Ce kana se dessine avec deux traits ; saut dégradé, arrêt.

On commence comme l'hiragana précédent う, avec un trait court et oblique en haut au centre. Pour le deuxième trait, imaginez que vous écrivez le chiffre 7 et que vous le tracez un peu vers le haut, avant de dessiner une petite vague. Prolongez ce trait, mais ne faites pas glisser le stylo hors de la page.

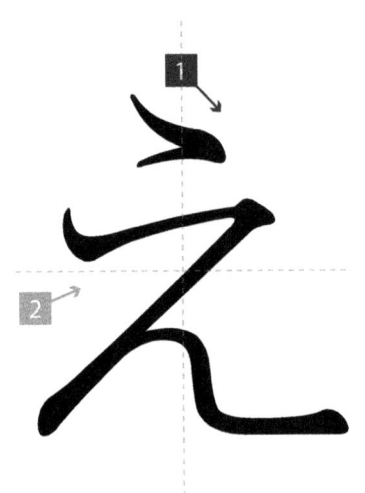

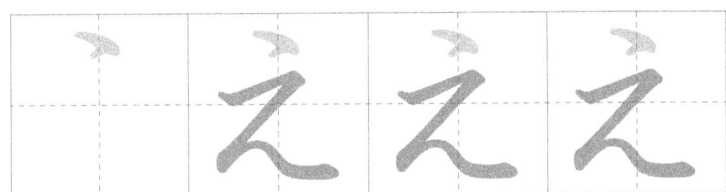

ÉCRIRE　Commencez par tracer les formes dans les grandes cellules ci-dessous.

S'ENTRAÎNER　Ensuite, entraînez-vous à dessiner ce caractère dans ces petites cellules.

PARLER   Prononcé comme le "o" dans "original".

APPRENDRE

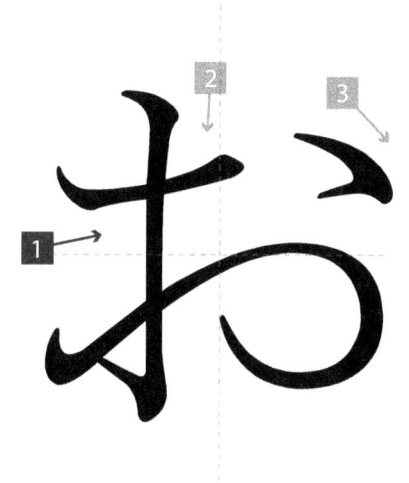

Ce kana se dessine en trois traits : arrêt, dégradé, arrêt.

Commencez par faire un court trait horizontal, comme pour le あ, mais un peu plus bas et vers la gauche. Le deuxième trait coupe le premier en deux avec une ligne verticale, en tournant brusquement vers la gauche en bas. Il tourne ensuite à nouveau pour créer une grande courbe avant d'éteindre votre stylo à la fin. Le troisième petit trait se positionne en haut et à droite du premier trait.

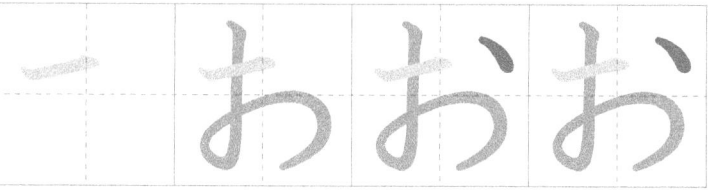

ÉCRIRE   Commencez par tracer les formes dans les grandes cellules ci-dessous.

S'ENTRAÎNER   Ensuite, entraînez-vous à dessiner ce caractère dans ces petites cellules.

か　か **ka**　　PARLER　Prononcé comme le "ca" dans "California".

APPRENDRE

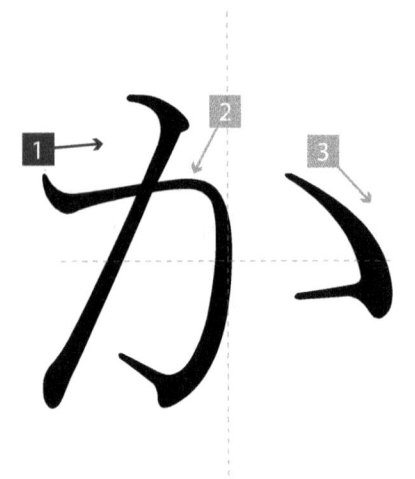

Ce kana se dessine en trois traits : saut, arrêt, arrêt.

Commencez par une ligne horizontale avant de tourner verticalement vers le bas et de vous pencher vers la gauche - terminez par un hane. Le deuxième trait croise le premier, du haut du milieu vers le bas à gauche. Le dernier trait est une courbe inclinée vers la droite. Il est important que ce trait soit plus long que les petits traits des kana précédents, afin qu'il ne soit pas lu comme un modificateur.

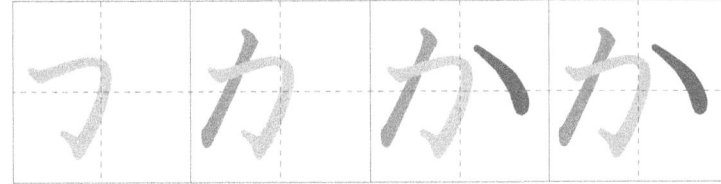

ÉCRIRE　　Commencez par tracer les formes dans les grandes cellules ci-dessous.

S'ENTRAÎNER　　Ensuite, entraînez-vous à dessiner ce caractère dans ces petites cellules.

き き ki

PARLER   Prononcé comme le "ki" dans "kiné".

APPRENDRE

Dessiné avec quatre traits ; arrêt, arrêt, saut dégradé, arrêt.

Les deux premiers coups consistent en des lignes parallèles, de gauche à droite, avec un léger angle. Le troisième trait traverse les deux premiers et se termine par une hane. Tracez votre hane vers le haut, pour créer la quatrième marque. Dessinez la dernière marque d'arrêt courbée vers la droite. Vous voyez souvent ces marques reliées entre elles dans certaines polices, comme le montre la petite image à gauche, mais c'est la façon correcte de dessiner ce caractère.

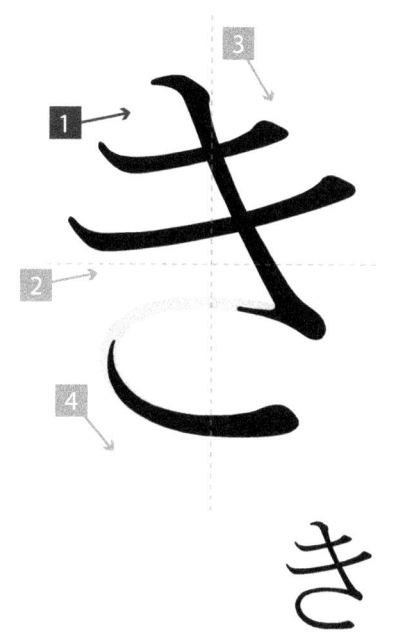

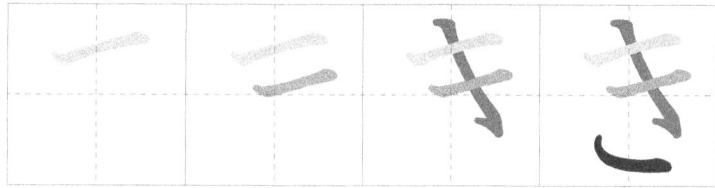

ÉCRIRE   Commencez par tracer les formes dans les grandes cellules ci-dessous.

S'ENTRAÎNER   Ensuite, entraînez-vous à dessiner ce caractère dans ces petites cellules.

 **ku**

PARLER Prononcé comme le "cu" de "Cuba".

APPRENDRE

Ce kana se dessine d'un seul trait : un arrêt.

Ce caractère est dessiné en un seul trait, comme une équerre ouverte, mais avec une légère courbure vers l'intérieur. Veillez à ce que les points de départ et d'arrivée soient alignés verticalement, afin de créer un caractère bien équilibré.

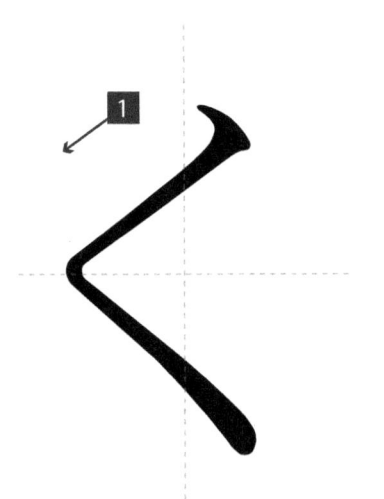

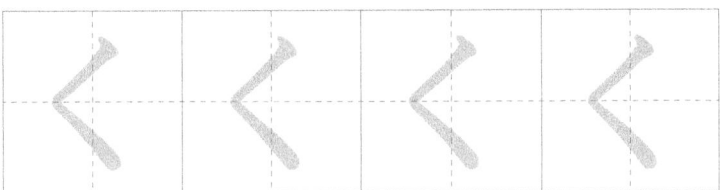

ÉCRIRE   Commencez par tracer les formes dans les grandes cellules ci-dessous.

S'ENTRAÎNER   Ensuite, entraînez-vous à dessiner ce caractère dans ces petites cellules.

け け **ke**

PARLER Prononcé comme le mot "quai".

APPRENDRE

Ce kana a trois traits : un saut dégradé, un arrêt et un dégradé.

Ce caractère est dessiné en un seul trait, comme une équerre ouverte, mais avec une légère courbure vers l'intérieur. Veillez à ce que les points de départ et d'arrivée soient alignés verticalement, afin de créer un caractère bien équilibré.

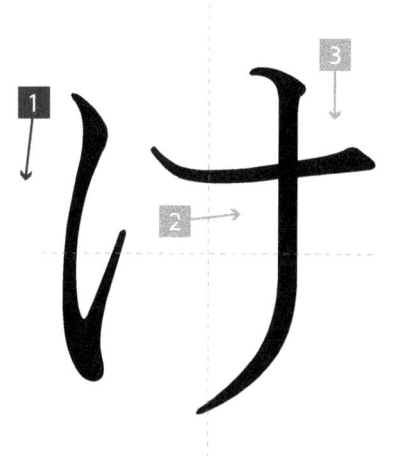

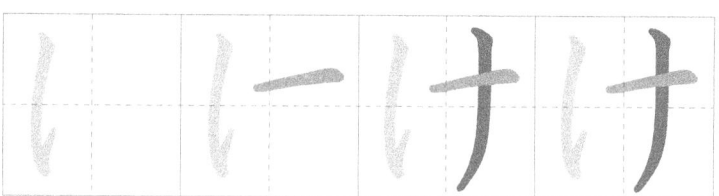

ÉCRIRE Commencez par tracer les formes dans les grandes cellules ci-dessous.

S'ENTRAÎNER Ensuite, entraînez-vous à dessiner ce caractère dans ces petites cellules.

こ　こ　ko

PARLER　Prononcé comme le "co" de "composition".

APPRENDRE

Ce kana se dessine avec deux traits : un saut et un arrêt.

Ce kana se dessine avec deux traits qui se courbent vers l'intérieur et se rejoignent presque pour former une grande boucle. La première marque est une ligne horizontale incurvée se terminant par un hane. Votre deuxième trait commence plus bas et vers la gauche. Les traits doivent donner l'impression qu'ils sont presque reliés pour créer une forme circulaire fermée.

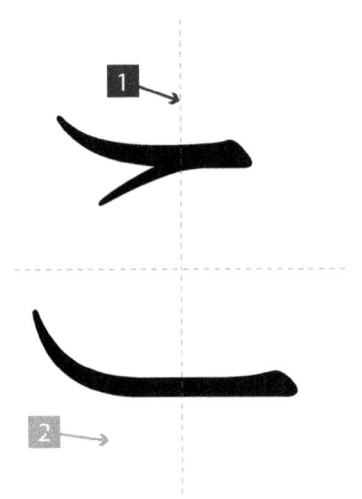

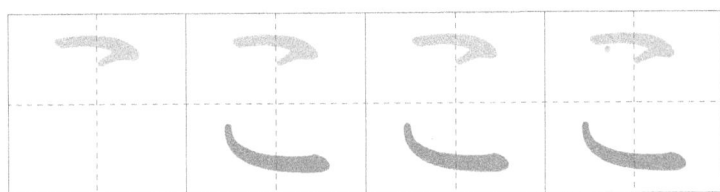

ÉCRIRE　Commencez par tracer les formes dans les grandes cellules ci-dessous.

S'ENTRAÎNER　Ensuite, entraînez-vous à dessiner ce caractère dans ces petites cellules.

さ　さ　**sa**

PARLER　Prononcé comme le "sa" de "sardines".

APPRENDRE

Ce kana se dessine avec trois traits : arrêt, saut, arrêt.

Écrit de manière similaire à き mais sans le premier trait court. Commencez par la ligne horizontale angulaire de gauche à droite. Votre deuxième trait coupe cette marque et se termine par un hane. Le troisième trait est obtenu en posant votre stylo légèrement après le hane et en le recourbant. Ce kana est souvent affiché comme étant relié, mais la méthode correcte est de lever votre stylo.

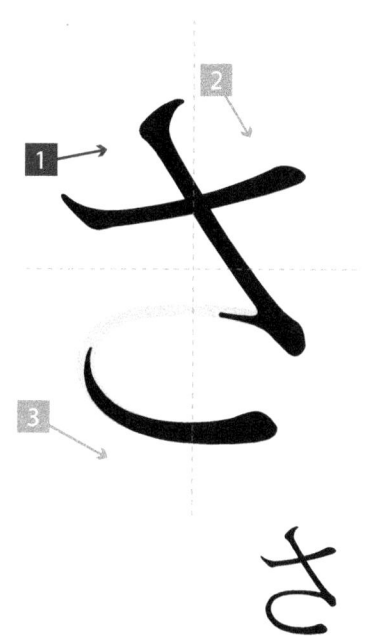

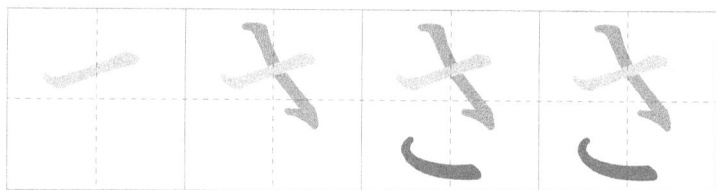

ÉCRIRE　　Commencez par tracer les formes dans les grandes cellules ci-dessous.

S'ENTRAÎNER　　Ensuite, entraînez-vous à dessiner ce caractère dans ces petites cellules.

25

し　し **shi**

PARLER　Prononcé comme "chi" dans "Chine".

APPRENDRE

Dessinez ce kana d'un seul trait, dégradé, balayé.

Ce kana s'écrit d'un seul trait. Il commence par un trait vertical de haut en bas avant de s'incurver vers la droite et vers le haut. Faites glisser votre stylo de la page à la fin.

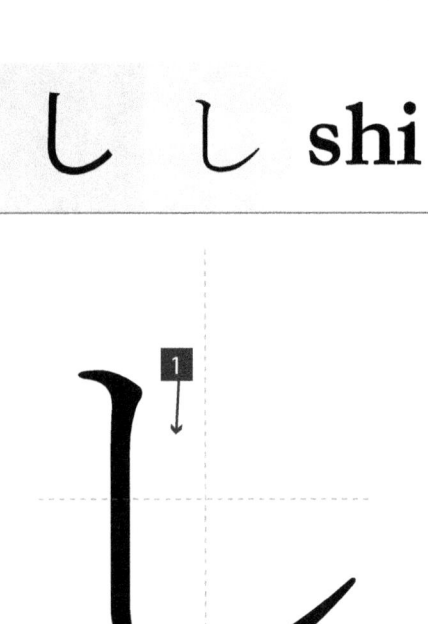

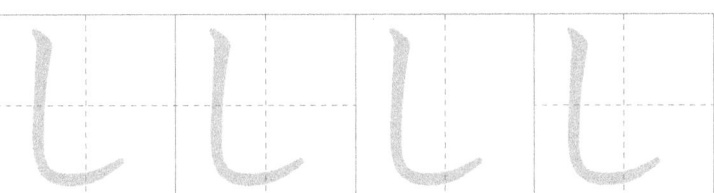

ÉCRIRE　　Commencez par tracer les formes dans les grandes cellules ci-dessous.

S'ENTRAÎNER　　Ensuite, entraînez-vous à dessiner ce caractère dans ces petites cellules.

| PARLER | Prononcé comme le "su" de "super". |

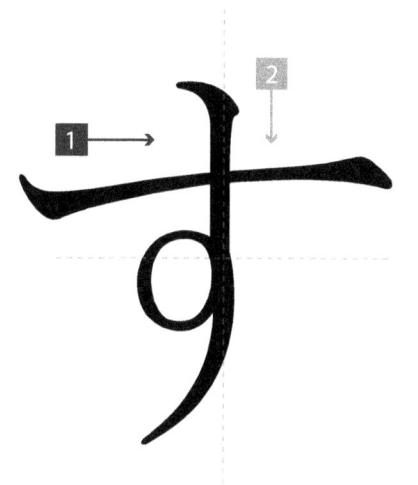

APPRENDRE

Il y a deux coups : un arrêt, et un dégradé en boucle.

Commencez par tracer un trait long de gauche à droite. Le deuxième trait part du haut et traverse le premier. Ensuite, il forme une boucle juste après l'intersection. Terminez-le en l'incurvant vers la gauche et faites glisser votre stylo du papier à la fin pour estomper le trait. Essayez de couper le premier trait légèrement décentré, vers la droite. Cela créera plus d'espace pour votre boucle ci-dessous.

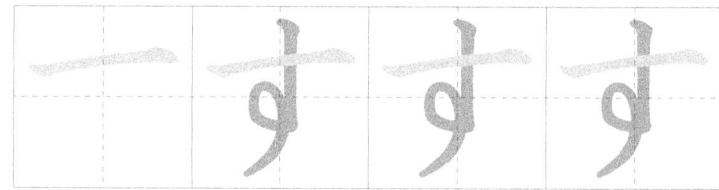

ÉCRIRE — Commencez par tracer les formes dans les grandes cellules ci-dessous.

S'ENTRAÎNER — Ensuite, entraînez-vous à dessiner ce caractère dans ces petites cellules.

せ　せ　se

PARLER　Prononcé comme "sé" dans "Sénégal".

APPRENDRE

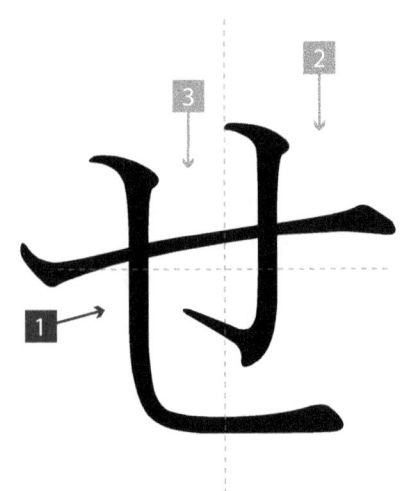

Ce kana se dessine en trois traits : arrêt, saut, arrêt.

Commencez ce caractère par un long trait horizontal, de gauche à droite. Le deuxième trait est une ligne verticale plus courte, vers la droite, et se termine par une hane vers le haut et la gauche. Levez votre stylo, mais gardez l'élan dans la même direction pour préparer le troisième trait. Tracez une ligne verticale vers le bas et courbez autour et vers la droite. Ne donnez pas de coup de stylo ici. Les deux premières marques doivent couper la première avec des espaces réguliers.

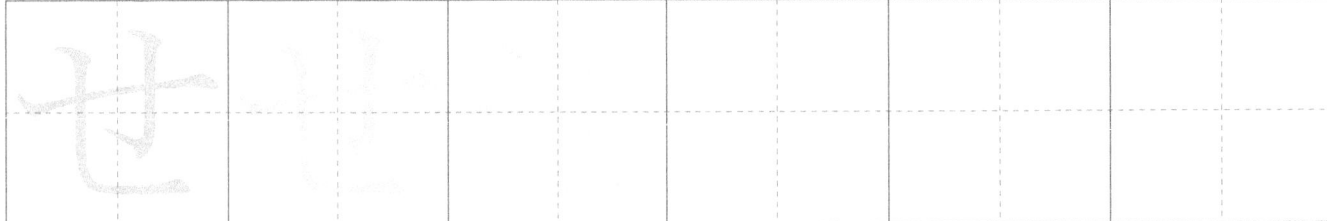

ÉCRIRE　Commencez par tracer les formes dans les grandes cellules ci-dessous.

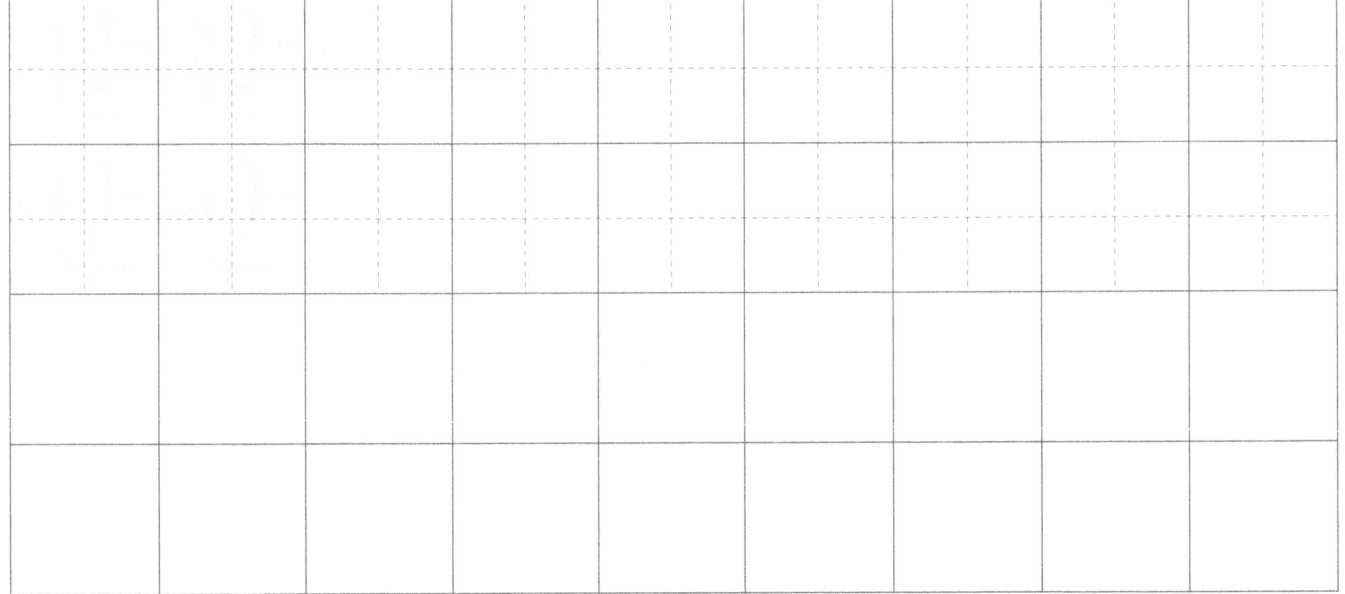

S'ENTRAÎNER　Ensuite, entraînez-vous à dessiner ce caractère dans ces petites cellules.

 **so**

PARLER   Prononcé comme le "so" de "soja".

APPRENDRE

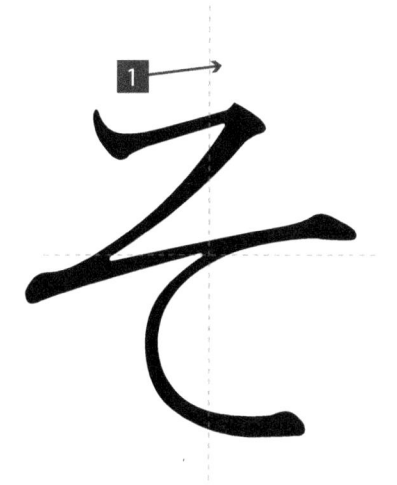

Ce kana est obtenu par un seul trait en zig-zag ; arrêt. Commencez par tracer le "Z" dans la moitié supérieure, avant d'ajouter le "C" en dessous - ne levez pas votre stylo de la page. Le "C" doit se terminer sans mouvement vers le haut. Veillez à ce que la ligne horizontale du milieu soit plus longue que celle du haut. Bien que cela soit rare, vous pouvez voir ce caractère affiché en deux traits dans certaines polices.

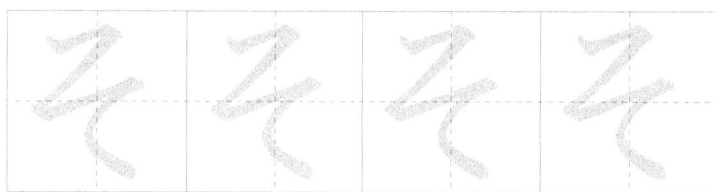

ÉCRIRE   Commencez par tracer les formes dans les grandes cellules ci-dessous.

S'ENTRAÎNER   Ensuite, entraînez-vous à dessiner ce caractère dans ces petites cellules.

た た **ta**

PARLER   Prononcé comme le "ta" de "tapis".

APPRENDRE

Ce kana se dessine avec quatre traits ; ce sont tous des arrêts.

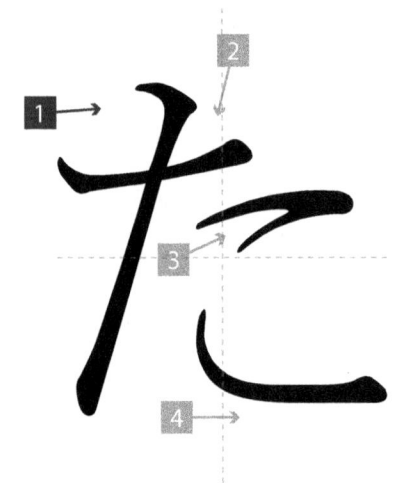

Tracez un "t" minuscule, avec la ligne verticale pointant vers le bas et la gauche. Faites-le dans la moitié gauche de la cellule, afin qu'il y ait de la place pour la partie suivante. Votre troisième trait crée une petite marque incurvée à droite de la forme en T et le quatrième trait est effectué en dessous, avec une courbe opposée au trait précédent. Les deux derniers traits doivent donner l'impression qu'ils sont presque reliés pour donner une forme circulaire.

ÉCRIRE   Commencez par tracer les formes dans les grandes cellules ci-dessous.

S'ENTRAÎNER   Ensuite, entraînez-vous à dessiner ce caractère dans ces petites cellules.

ち ち **chi**

PARLER — Prononcé comme le "chi" de "tai-chi".

APPRENDRE

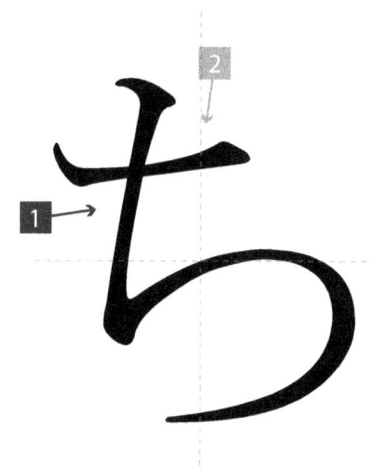

Ce kana se dessine en deux traits : arrêt, dégradé.

Ce caractère s'écrit comme une image miroir de さ, mais il n'est pas nécessaire de lever votre stylo. Tracez votre premier trait de gauche à droite, en formant un léger angle. Votre deuxième trait est une ligne légèrement diagonale vers le bas et la gauche, qui croise la première. À l'approche du bas, il se recourbe vers le haut et vers la droite, créant une forme circulaire et se terminant par une pichenette de la page.

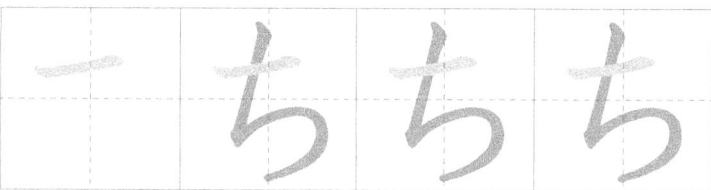

ÉCRIRE — Commencez par tracer les formes dans les grandes cellules ci-dessous.

S'ENTRAÎNER — Ensuite, entraînez-vous à dessiner ce caractère dans ces petites cellules.

つ つ tsu

PARLER Prononcé comme le "tsu" de "tsunami".

APPRENDRE

Ce kana se dessine d'un seul trait, le dégradé.

Ce kana, l'un des caractères les plus simples, est composé d'une longue courbe qui s'estompe à la fin. Dégradez le trait en faisant glisser votre stylo sur la page lorsque vous approchez de la fin de l'arc.

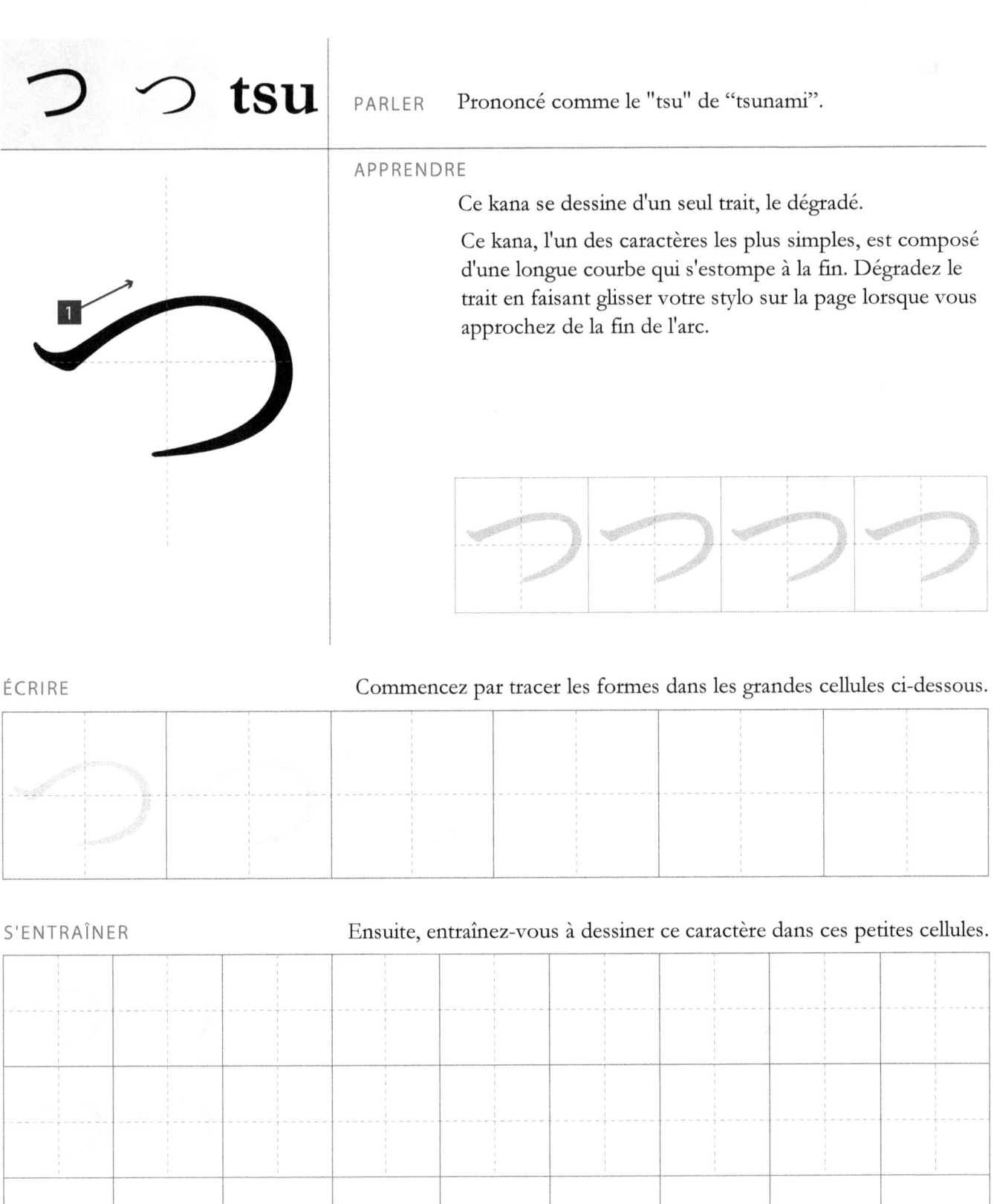

ÉCRIRE Commencez par tracer les formes dans les grandes cellules ci-dessous.

S'ENTRAÎNER Ensuite, entraînez-vous à dessiner ce caractère dans ces petites cellules.

 **te**

PARLER   Prononcé comme le mot "thé".

APPRENDRE

Ce kana se dessine d'un seul trait : un arrêt.

D'un seul trait, tracez un léger angle vers le haut, de gauche à droite, avant de revenir vers la gauche et le bas. Gardez le stylo sur le papier pendant que vous créez une grande courbe en forme de "C". Comme il s'agit d'une marque d'arrêt, ne bougez pas votre stylo de la page.

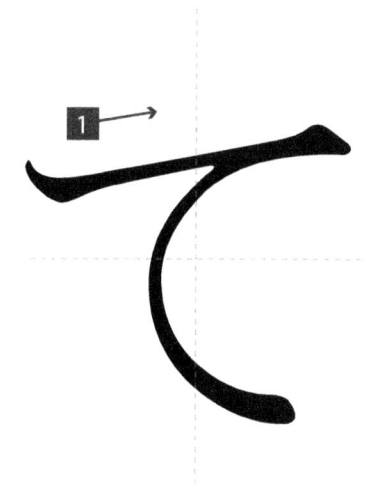

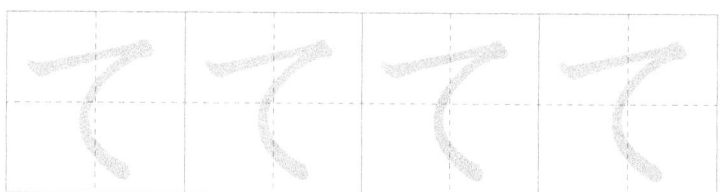

ÉCRIRE   Commencez par tracer les formes dans les grandes cellules ci-dessous.

S'ENTRAÎNER   Ensuite, entraînez-vous à dessiner ce caractère dans ces petites cellules.

と　と　**to** | PARLER　Prononcé comme le "to" de "ton".

APPRENDRE

Ce kana se compose de deux traits ; arrêt, arrêt.

Le premier trait consiste en une petite ligne légèrement inclinée, terminant au milieu de la cellule. Votre deuxième trait est une grande ligne incurvée qui rejoint l'extrémité de la première au milieu. Il s'incurve ensuite vers la gauche et se dirige vers le bas à droite de la cellule. Les points de départ et d'arrivée de votre deuxième trait doivent être alignés verticalement. Votre deuxième trait ne doit pas croiser le premier, mais passer par son extrémité.

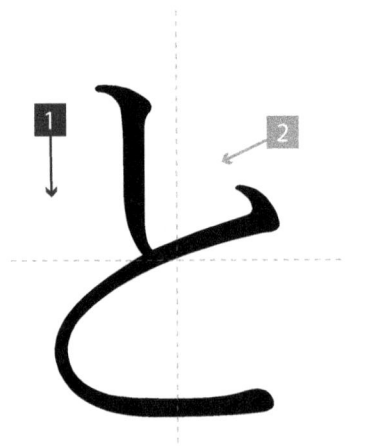

ÉCRIRE　Commencez par tracer les formes dans les grandes cellules ci-dessous.

S'ENTRAÎNER　Ensuite, entraînez-vous à dessiner ce caractère dans ces petites cellules.

な な **na** | PARLER Prononcé comme le "na" de narval.

APPRENDRE

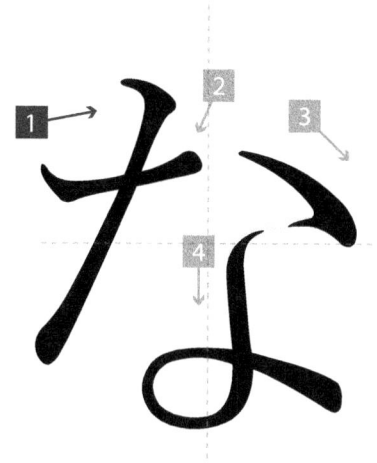

Ce kana a quatre traits ; arrêt, arrêt, saut dégradé et arrêt.
Commencez par un trait horizontal court et angulaire sur la gauche. Votre deuxième trait est une diagonale plus longue qui coupe la première, en bas et à gauche - ne la rendez pas trop longue. Le troisième trait est une ligne courbe sur le côté droit, qui se termine par un hane. Au moment où vous relevez votre stylo, commencez immédiatement le quatrième trait vers le bas avant de faire une boucle sur lui-même. Terminez cette boucle par un arrêt sous le troisième trait.

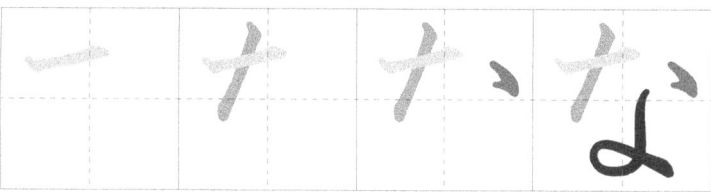

ÉCRIRE Commencez par tracer les formes dans les grandes cellules ci-dessous.

S'ENTRAÎNER Ensuite, entraînez-vous à dessiner ce caractère dans ces petites cellules.

に に **ni**

PARLER — Prononcé comme le "ni" de "Nice".

APPRENDRE

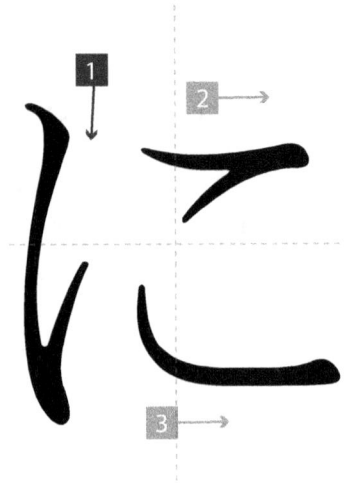

Ce kana a trois traits : un saut dégradé, et deux arrêts.

Tout comme les caractères précédents, commencez par une ligne verticale vers le bas sur le côté gauche, et terminez par un hane vers le haut sur la droite. Votre deuxième trait est presque une continuation du hane, et est une petite ligne horizontale courbée. La dernière marque est une courbe dans la direction opposée, formant presque un cercle. Ne faites pas glisser votre stylo sur l'extrémité, car il s'agit d'une marque d'arrêt.

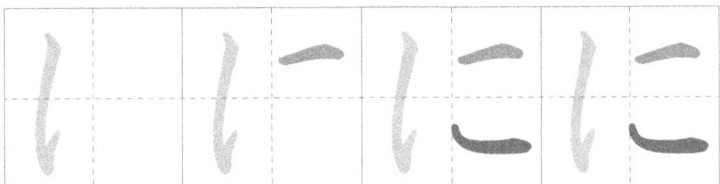

ÉCRIRE — Commencez par tracer les formes dans les grandes cellules ci-dessous.

S'ENTRAÎNER — Ensuite, entraînez-vous à dessiner ce caractère dans ces petites cellules.

| PARLER | Prononcé comme le "nu" de "nuance". |

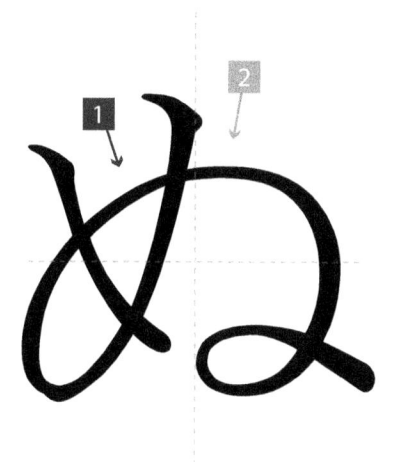

APPRENDRE

Dessiné avec deux traits ; un arrêt et une longue boucle d'arrêt.

Commencez par dessiner un trait légèrement courbé en angle. Votre deuxième trait commence à la même hauteur, mais s'incurve vers le premier. Il s'incurve ensuite vers le haut et vers la droite. Lorsque votre stylo approche de la partie inférieure droite de la cellule, faites une boucle vers la droite. Veillez à faire correspondre les espaces entre les lignes de l'exemple pour que votre caractère soit bien équilibré.

ÉCRIRE   Commencez par tracer les formes dans les grandes cellules ci-dessous.

S'ENTRAÎNER   Ensuite, entraînez-vous à dessiner ce caractère dans ces petites cellules.

ね ね **ne**

PARLER Prononcé comme le "né" de "négative".

APPRENDRE

Ce kana se dessine avec deux traits ; arrêt, arrêt long.

Tracez la ligne verticale de haut en bas. Commencez votre deuxième trait par une courte ligne horizontale qui passe au-dessus de la première, avant de déplacer votre stylo vers le bas, du côté gauche. Sans retirer votre stylo de la page, le deuxième trait revient vers le haut et continue à créer un grand arc. À l'approche du coin inférieur droit, faites une petite boucle vers la droite pour compléter le caractère.

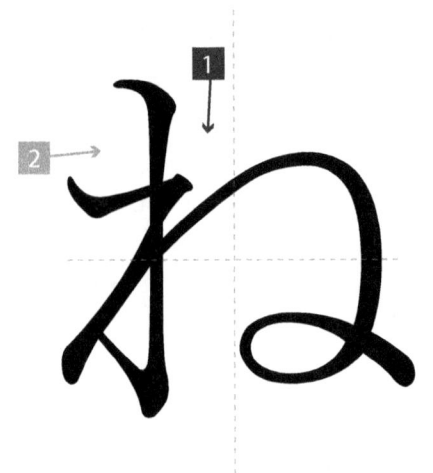

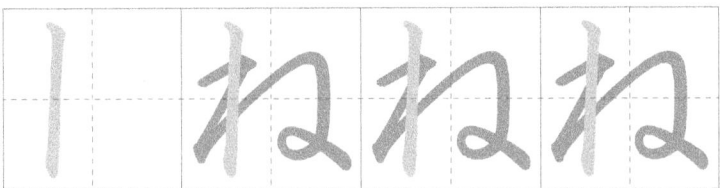

ÉCRIRE Commencez par tracer les formes dans les grandes cellules ci-dessous.

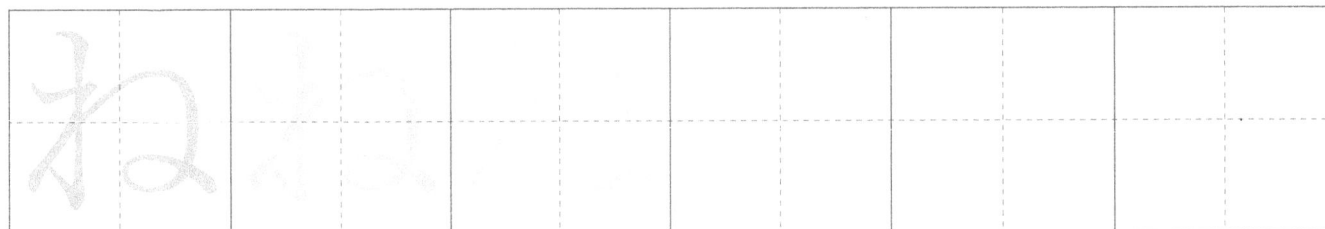

S'ENTRAÎNER Ensuite, entraînez-vous à dessiner ce caractère dans ces petites cellules.

の の **no**

PARLER Prononcé comme le "no" de "noble".

APPRENDRE

Ce kana s'écrit d'un seul trait : un long dégradé.

En partant de la partie centrale supérieure de la cellule, tirez votre stylo vers le bas et en diagonale vers la gauche. À partir du bas de cette ligne, déplacez votre stylo vers le haut et vers la droite dans un grand mouvement circulaire, en passant par le point de départ. En passant par votre point de départ, veillez à ne pas dessiner votre courbe trop bas et à ne pas laisser la ligne verticale dépasser. Ramenez l'arc de cercle et donnez un coup de stylo.

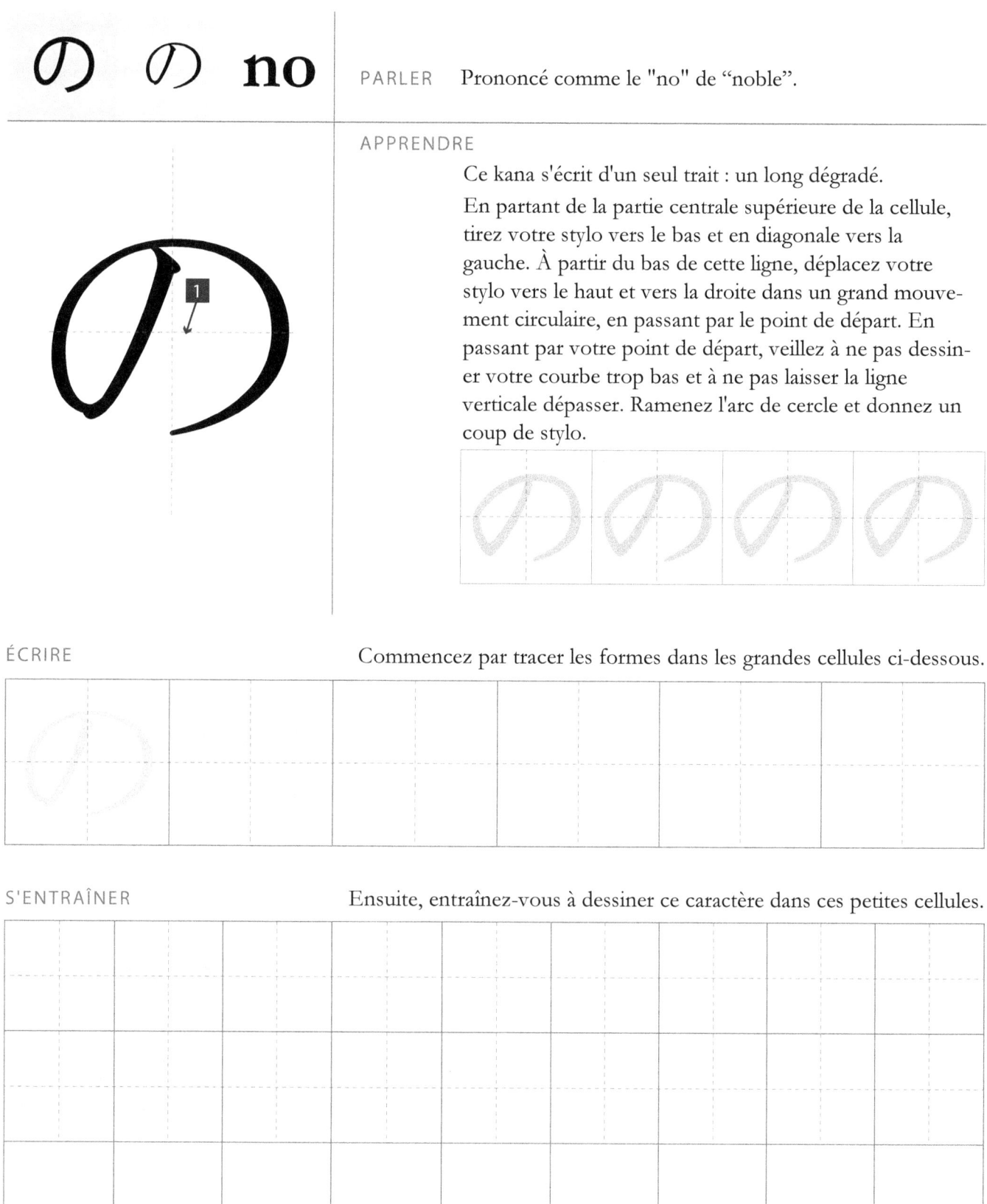

ÉCRIRE Commencez par tracer les formes dans les grandes cellules ci-dessous.

S'ENTRAÎNER Ensuite, entraînez-vous à dessiner ce caractère dans ces petites cellules.

は は **ha**

PARLER Prononcé comme le "ha" quand on rit, comme ha-ha

APPRENDRE

Dessinez ce kana avec trois traits : saut, arrêt, boucle arrêt.

Vos deux premiers traits sont semblables à ceux de l'hiragana け, avec un trait vertical incurvé se terminant par un hane. Le deuxième trait est une ligne horizontale plus courte vers la droite. Votre troisième trait passera par le deuxième, dessiné verticalement vers le bas et se terminant par une petite boucle sur lui-même vers la droite.

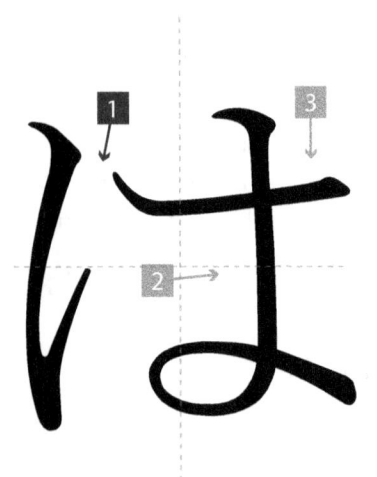

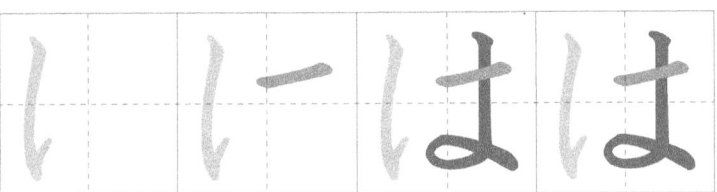

ÉCRIRE Commencez par tracer les formes dans les grandes cellules ci-dessous.

S'ENTRAÎNER Ensuite, entraînez-vous à dessiner ce caractère dans ces petites cellules.

| | PARLER | Prononcé comme le "hi" de "hippopotame". |

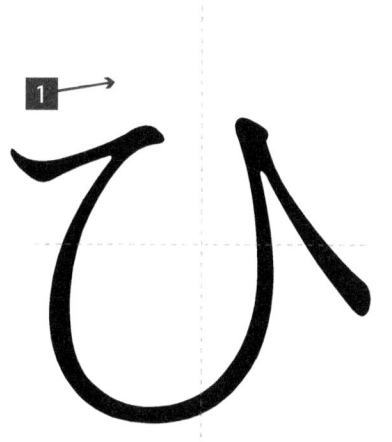

APPRENDRE

Ce kana est dessiné d'un seul coup : un arrêt de balayage.

Commencez par tracer une ligne courte, légèrement inclinée, avant de revenir un peu vers la gauche. Gardez votre stylo sur la page et créez une grande courbe en forme de "U" autour de la moitié inférieure de la cellule. Une fois que vous êtes revenu près du sommet, et sans lever votre stylo, tracez un peu en arrière, puis vers la droite avec une ligne incurvée jusqu'à un arrêt. Ne faites pas de geste brusque avec votre stylo ici.

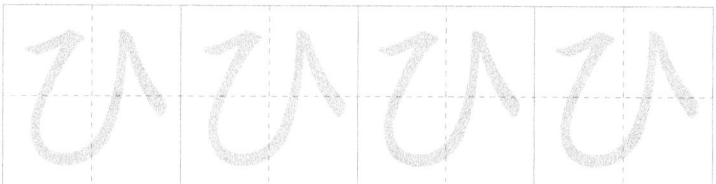

ÉCRIRE — Commencez par tracer les formes dans les grandes cellules ci-dessous.

S'ENTRAÎNER — Ensuite, entraînez-vous à dessiner ce caractère dans ces petites cellules.

ふ ふ **fu**

PARLER   Prononcé comme le "hu" de "humain".

APPRENDRE

Dessiné avec quatre traits : saut dégradé, saut, arrêt, et arrêt.

Commencez par un coup de stylo court et incliné qui se termine par une hane en haut au centre. Votre deuxième trait est ensuite une sorte de nez qui doit se terminer par une pichenette vers le début du troisième trait. Il s'agit d'un autre trait court et incliné qui se termine par un hane, en haut et à droite. Pour le quatrième trait, levez votre stylo vers le côté droit où vous dessinez la dernière ligne courte et incurvée.

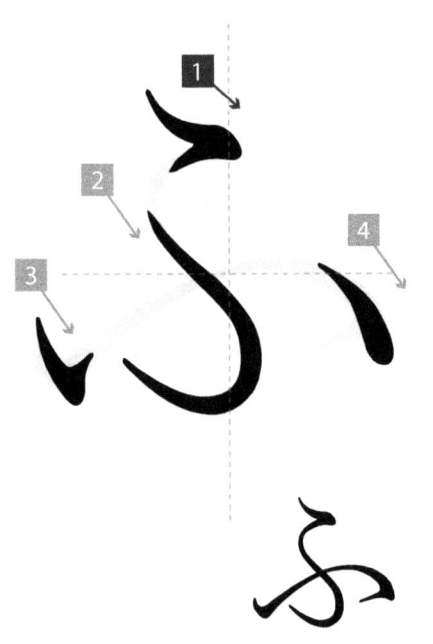

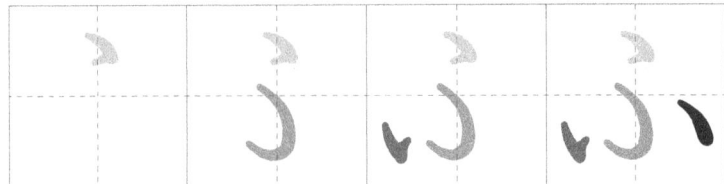

ÉCRIRE   Commencez par tracer les formes dans les grandes cellules ci-dessous.

S'ENTRAÎNER   Ensuite, entraînez-vous à dessiner ce caractère dans ces petites cellules.

 **he**

PARLER   Prononcé comme le "hé" de "Hélene".

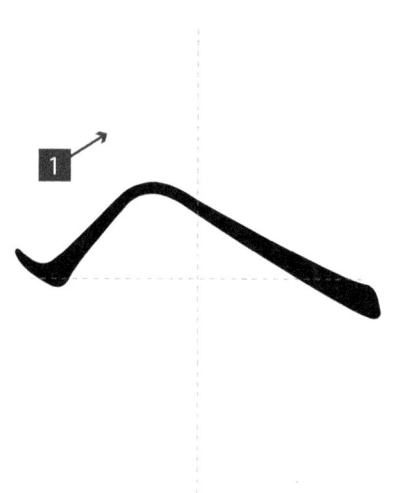

APPRENDRE

Ce kana est fait d'un seul coup : un arrêt.

Commencez au milieu, à gauche de la cellule, et dessinez votre stylo en diagonale vers le haut et la droite sur une courte distance - mais ne traversez pas la ligne directrice centrale. Sans lever votre stylo, continuez à tracer la ligne diagonale la plus longue vers le bas et la droite. Le "haut" de cette forme en "V" inversé ne doit pas se trouver au centre.

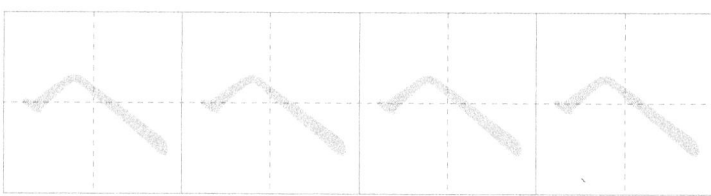

ÉCRIRE   Commencez par tracer les formes dans les grandes cellules ci-dessous.

S'ENTRAÎNER   Ensuite, entraînez-vous à dessiner ce caractère dans ces petites cellules.

ほ ほ **ho**

PARLER   Prononcé comme le "ho" de "homogène".

APPRENDRE

Il y a quatre coups : saut dégradé, arrêt, arrêt, arrêt en boucle.

Comme pour les premiers traits de は, に, et け, commencez par une ligne verticale courbe qui se termine par un hane. Les deuxième et troisième traits sont de courtes lignes parallèles en haut à droite. Votre marque finale doit commencer sur la deuxième ligne - faites attention à ne pas commencer au-dessus. Déplacez votre stylo vers le bas, à travers le troisième trait, et terminez par une boucle de retour sur votre trait vers la droite.

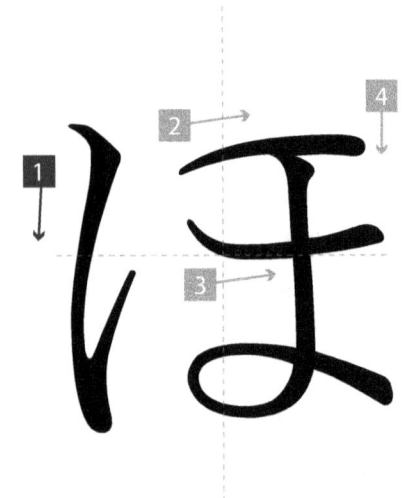

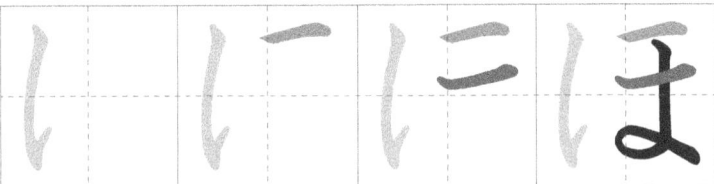

ÉCRIRE   Commencez par tracer les formes dans les grandes cellules ci-dessous.

S'ENTRAÎNER   Ensuite, entraînez-vous à dessiner ce caractère dans ces petites cellules.

ま ま **ma**

PARLER   Prononcé comme le "ma" de "maman".

APPRENDRE

Dessiné avec trois traits ; arrêt, arrêt, arrêt en boucle.

Dessinez ce kana avec des lignes horizontales parallèles, toutes deux tracées de gauche à droite. Le premier trait doit être un peu plus long que le second. Votre troisième trait part du haut, traverse les deux premiers et se termine par une boucle en bas. La clé pour dessiner ce kana avec précision consiste à ne pas rendre les premiers traits trop longs, tout en restant un peu plus large que la boucle à la fin.

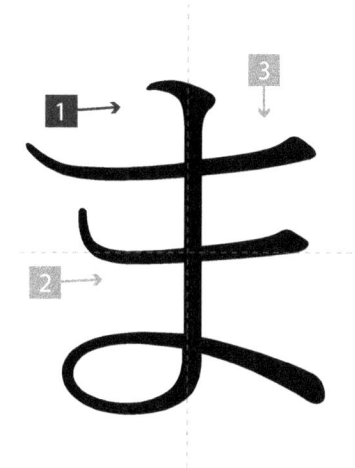

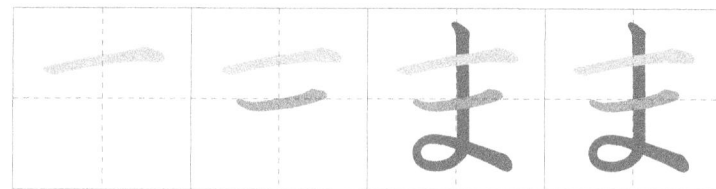

ÉCRIRE   Commencez par tracer les formes dans les grandes cellules ci-dessous.

S'ENTRAÎNER   Ensuite, entraînez-vous à dessiner ce caractère dans ces petites cellules.

み み **mi**

PARLER   Prononcé comme le "mi" de "mignon".

APPRENDRE

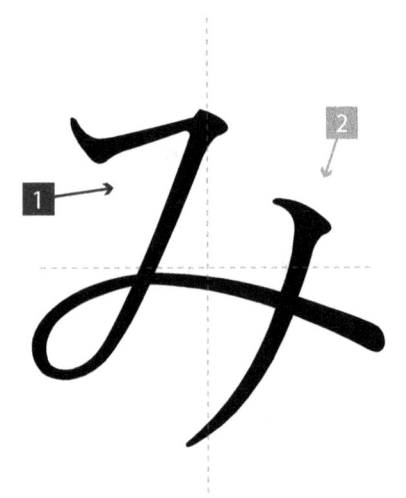

Dessiné en deux temps : un long arrêt en boucle, et un dégradé.

Commencez par tracer une courte ligne horizontale, puis déplacez votre stylo vers le bas et vers la gauche. Sans retirer votre stylo de la page, faites une boucle en bas et terminez le trait par un arc vers la droite. Votre deuxième trait est une courbe, se déplaçant vers le bas et la gauche, et coupant l'arc du premier trait. Faites glisser votre stylo de la page pour estomper ce trait à la fin.

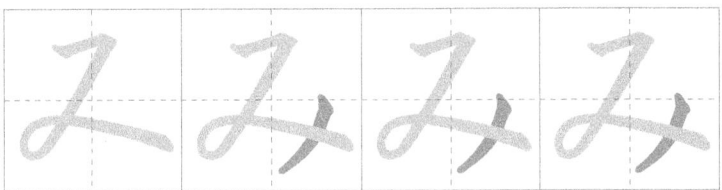

ÉCRIRE   Commencez par tracer les formes dans les grandes cellules ci-dessous.

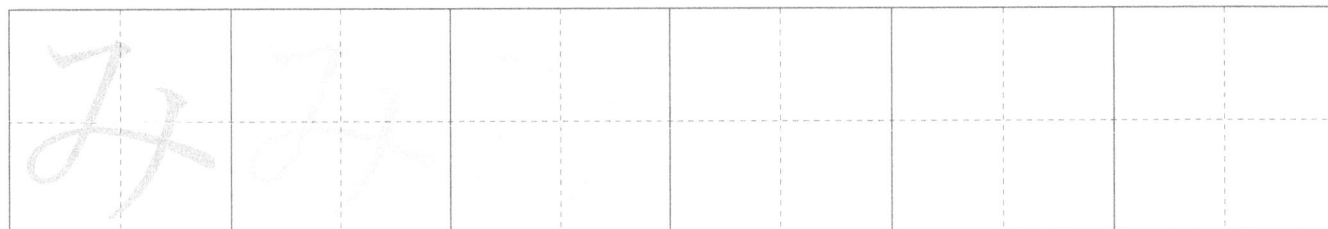

S'ENTRAÎNER   Ensuite, entraînez-vous à dessiner ce caractère dans ces petites cellules.

む む mu

PARLER   Prononcé comme "mu" de "musique".

APPRENDRE

Dessinez ce kana avec trois traits ; arrêt, dégradé en boucle, arrêt.

Pour commencer, nous dessinons ce kana de manière similaire à す, avec un trait horizontal sur le côté gauche de la cellule. La deuxième marque commence en haut et est dessinée vers le bas, à travers le premier trait, puis forme une boucle sous le centre. En gardant votre stylo sur le papier après la boucle, dessinez vers le bas, en travers vers la droite, puis brusquement vers le haut. Arrêtez-vous avant d'atteindre le premier trait. Terminez

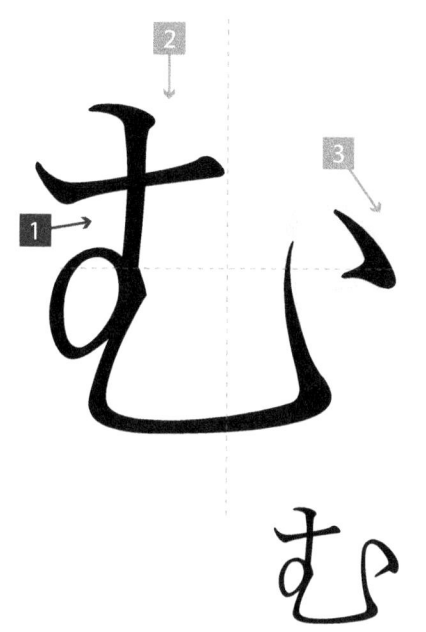

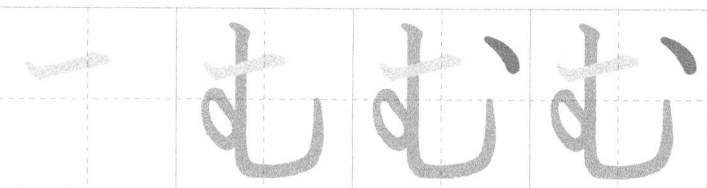

ÉCRIRE   Commencez par tracer les formes dans les grandes cellules ci-dessous.

S'ENTRAÎNER   Ensuite, entraînez-vous à dessiner ce caractère dans ces petites cellules.

め　め **me**   PARLER   Prononcé comme "mé" de "mémoire".

APPRENDRE

Ce kana se dessine avec deux traits ; arrêt, long dégradé.

On l'écrit d'une manière similaire à ぬ, mais sans boucle à la fin. Tracez d'abord le trait diagonal incurvé vers le bas et la droite. Le deuxième trait commence à une hauteur similaire au premier, mais s'incurve dans le sens opposé. Continuez ce trait en faisant un grand mouvement circulaire, mais retirez votre stylo du papier à la fin. Essayez de faire correspondre les espaces entre les lignes pour créer un caractère précis.

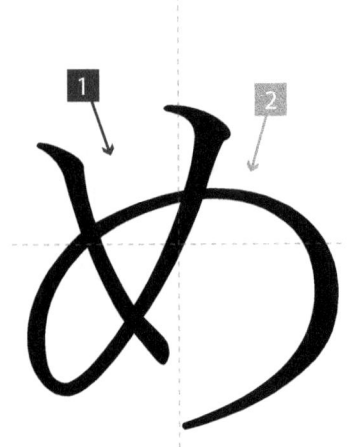

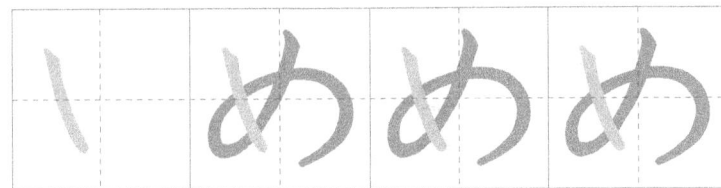

ÉCRIRE   Commencez par tracer les formes dans les grandes cellules ci-dessous.

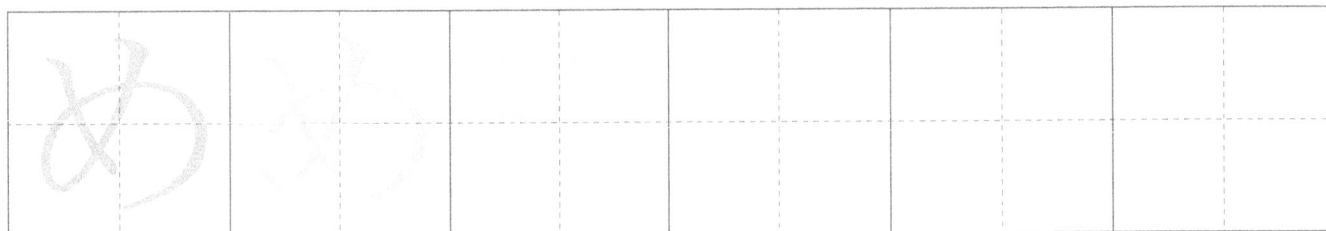

S'ENTRAÎNER   Ensuite, entraînez-vous à dessiner ce caractère dans ces petites cellules.

 **mo**

PARLER Prononcé comme le "mo" de "moment".

APPRENDRE

Ce kana a trois traits : long dégradé, arrêt, arrêt.

Comme pour l'hiragana し, on commence par dessiner la forme d'un hameçon et on termine par un coup de stylo en l'incurvant. Vos deuxième et troisième traits sont deux lignes parallèles et horizontales qui coupent le premier trait. Ce caractère peut également être vu avec les deuxième et troisième traits reliés dans certaines polices, comme le montre l'image plus petite à gauche.

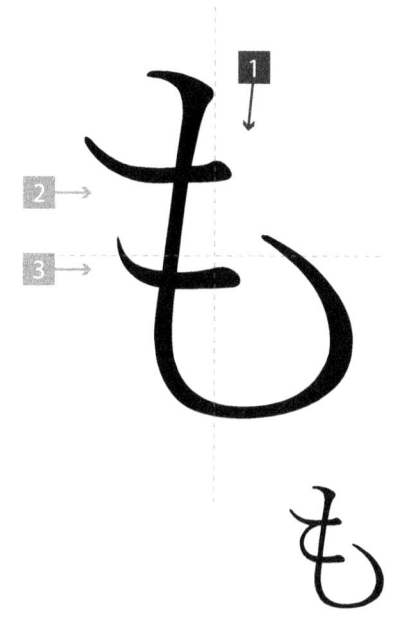

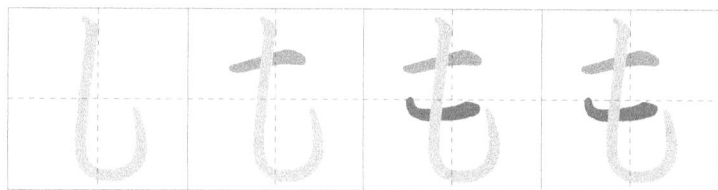

ÉCRIRE Commencez par tracer les formes dans les grandes cellules ci-dessous.

S'ENTRAÎNER Ensuite, entraînez-vous à dessiner ce caractère dans ces petites cellules.

 **ya**

PARLER   Prononcé comme le "ya" de "yaourt".

APPRENDRE

Dessinez ce kana en trois traits : dégradé, saut, arrêt. Commencez par une ligne diagonale peu profonde vers le haut et la droite, avant de revenir en arrière. Le deuxième trait est une ligne courte en haut, près du centre. Le troisième et dernier trait est une ligne diagonale plus longue allant du haut de la gauche vers le bas de la droite - il devrait croiser le premier trait à environ un tiers de la largeur à partir de la gauche. On peut également voir que les traits 2 et 3 sont reliés, comme le montre la petite image à gauche.

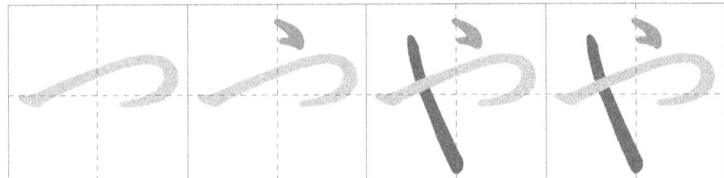

ÉCRIRE   Commencez par tracer les formes dans les grandes cellules ci-dessous.

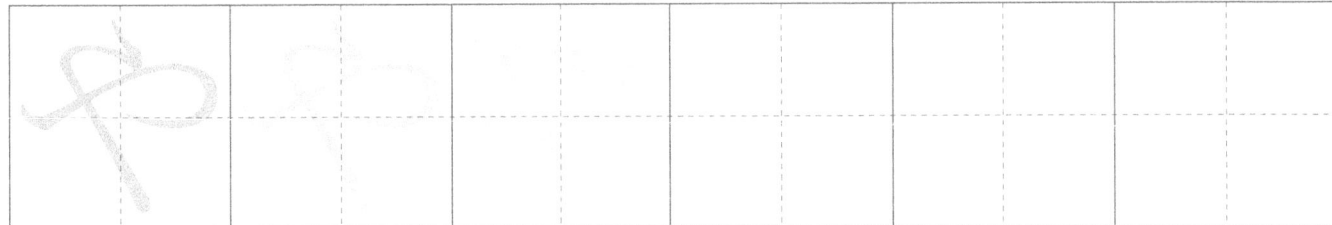

S'ENTRAÎNER   Ensuite, entraînez-vous à dessiner ce caractère dans ces petites cellules.

 yu

PARLER   Prononcé comme le "yu" du prénom "Yusef".

APPRENDRE

Ce kana est dessiné avec deux traits : dégradé, dégradé.

Commencez par une ligne légèrement incurvée vers le bas avant de remonter un peu. Sans décoller votre stylo de la page, continuez en dessinant une grande courbe qui se referme presque comme un cercle sur elle-même. Votre deuxième trait est une ligne verticale qui s'incurve vers la gauche, coupant la grande courbe du premier. Terminez le trait en retirant votre stylo de la feuille pour l'estomper.

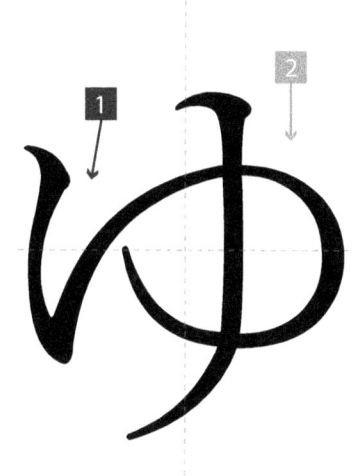

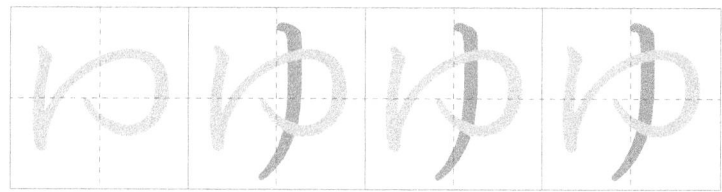

ÉCRIRE   Commencez par tracer les formes dans les grandes cellules ci-dessous.

S'ENTRAÎNER   Ensuite, entraînez-vous à dessiner ce caractère dans ces petites cellules.

 yo

PARLER Prononcé comme le "yo" de yo-yo.

APPRENDRE

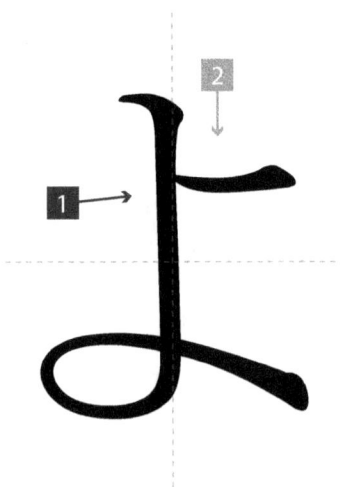

Ce kana est dessiné avec deux traits ; saut dégradé, arrêt.

Le premier trait est une courte ligne horizontale, partant du centre et se déplaçant vers la droite. Votre deuxième trait commence comme une ligne verticale à partir du centre supérieur de la cellule et est dessiné vers le bas avant de se terminer par une petite boucle sur elle-même et de s'arrêter en bas à droite. N'utilisez pas le stylo ici, car il s'agit d'une marque d'arrêt.

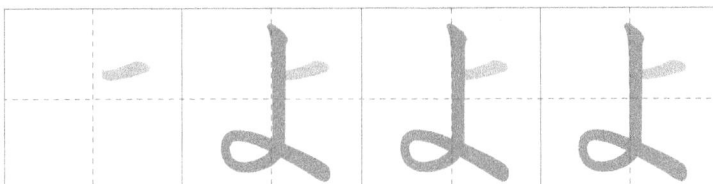

ÉCRIRE   Commencez par tracer les formes dans les grandes cellules ci-dessous.

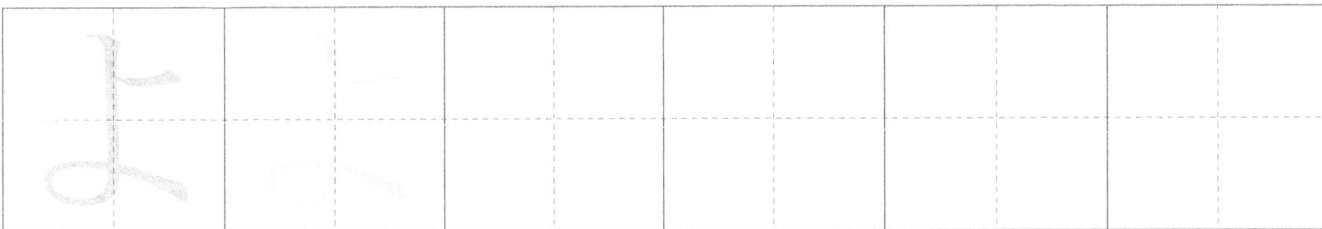

S'ENTRAÎNER   Ensuite, entraînez-vous à dessiner ce caractère dans ces petites cellules.

 **ra**

PARLER   Prononcé comme le "la" de "lavande".

APPRENDRE

Ce kana se dessine avec deux traits : un saut et un long dégradé.

Le premier trait est une ligne relativement courte, faite en angle près du haut de la cellule. Ensuite, de la même manière que pour le dessin du chiffre 5, le trait suivant se déplace verticalement vers le bas, puis vers la droite en formant une grande courbe. La courbe doit remonter un peu, avant de tourner pour revenir vers le bas. Terminez par un coup de stylo. Ce caractère peut aussi être vu comme une seule forme jointe.

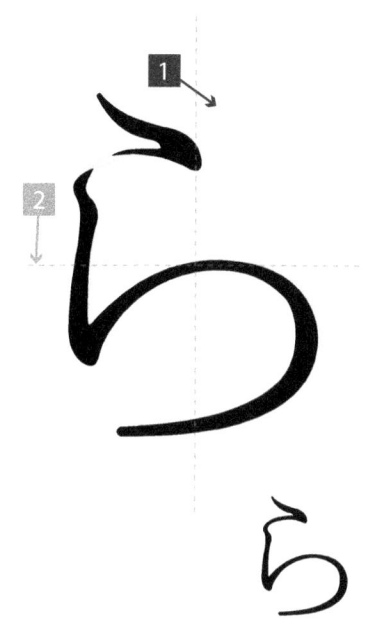

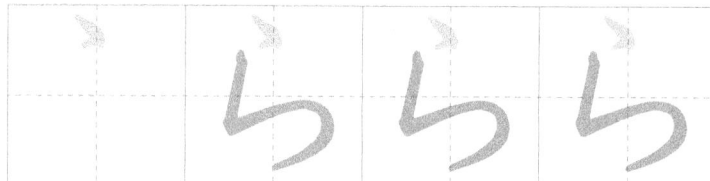

ÉCRIRE   Commencez par tracer les formes dans les grandes cellules ci-dessous.

S'ENTRAÎNER   Ensuite, entraînez-vous à dessiner ce caractère dans ces petites cellules.

り り ri

PARLER   Prononcé comme le "li" de "lire".

APPRENDRE

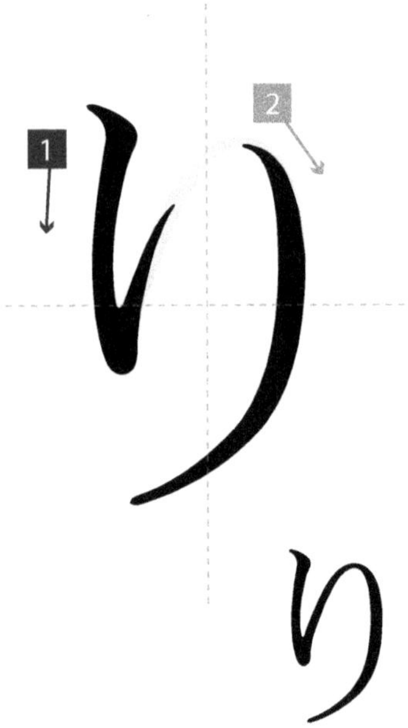

Ce kana est dessiné avec deux traits : saut, dégradé.

Souvent présenté comme un trait unique, la manière correcte d'écrire ce caractère est de le faire en deux traits. Le premier est une ligne qui descend et se termine par un hane vers le haut et la droite. Lorsque votre hane se termine, posez votre stylo sur le papier pour créer le deuxième trait. Dessinez une longue ligne incurvée vers le bas et vers la gauche, en retirant votre stylo de la page à la fin pour faire un effet dégradé.

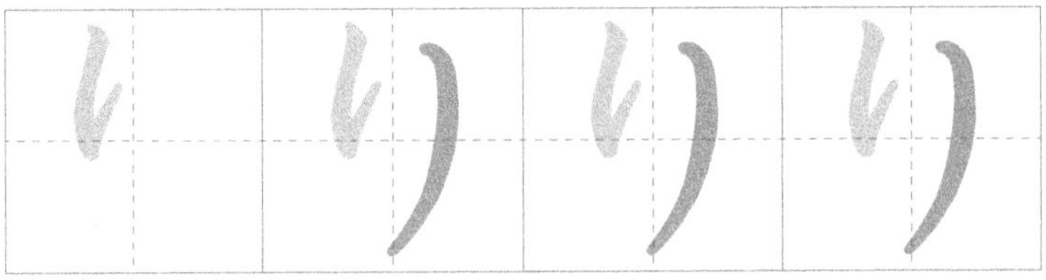

ÉCRIRE   Commencez par tracer les formes dans les grandes cellules ci-dessous.

S'ENTRAÎNER   Ensuite, entraînez-vous à dessiner ce caractère dans ces petites cellules.

る　る　ru

PARLER Prononcé comme le "lu" de "lucarne".

APPRENDRE

Celui-ci est dessiné d'un seul trait : un long arrêt en zigzag incurvé.

Ce caractère à trait unique commence par un petit trait horizontal de gauche à droite, avant de tourner et de descendre vers la gauche avec une marque plus longue. Sans lever votre stylo, remontez un peu et créez une grande boucle circulaire, avec une autre boucle beaucoup plus petite à la fin. La plus petite boucle ne doit pas dépasser la ligne, mais se terminer au-dessus de celle-ci.

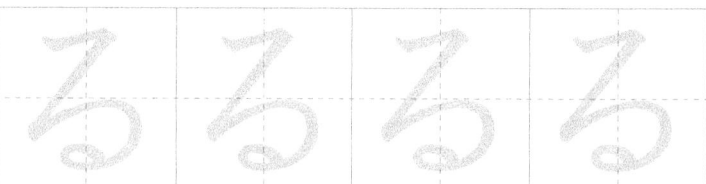

ÉCRIRE Commencez par tracer les formes dans les grandes cellules ci-dessous.

S'ENTRAÎNER Ensuite, entraînez-vous à dessiner ce caractère dans ces petites cellules.

れ れ **re**

PARLER Prononcé comme le "lé" de "lézard".

APPRENDRE

Dessiné en deux traits : un arrêt, puis un dégradé en zigzag.

Commençant par une ligne verticale de haut en bas, ce kana est réalisé avec seulement deux traits. Le second commence par un trait horizontal assez court en travers du premier, avant d'aller en diagonale vers le bas et la gauche, croisant à nouveau la ligne verticale. Sans lever le stylo, revenez en arrière vers le haut puis dessinez une forme de vague haute vers la droite. En haut, dessinez une courbe vers le bas et vers le haut à droite, en terminant par une pichenette.

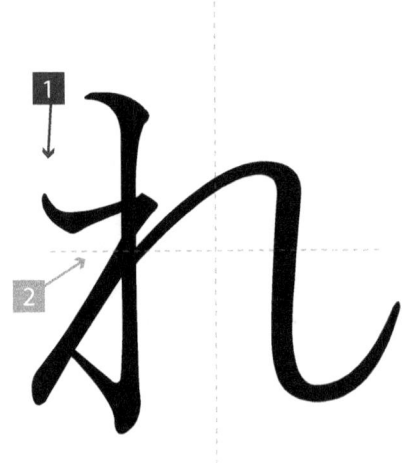

ÉCRIRE Commencez par tracer les formes dans les grandes cellules ci-dessous.

S'ENTRAÎNER Ensuite, entraînez-vous à dessiner ce caractère dans ces petites cellules.

ろ ろ **ro**

PARLER   Prononcé comme le "lo" de "losange".

APPRENDRE

Ce kana est dessiné d'un seul trait : dégradé en zig-zag.

On écrit le ろ à peu près de la même manière qu'on écrit le る, sauf qu'il n'y a pas de boucle à la fin. Commencez par un trait court horizontal assez court de gauche à droite et poursuivez avec un trait diagonal vers le bas et le retour vers la gauche. Remontez un peu vers le haut, puis terminez le trait en faisant la grande courbe vers la droite et en revenant vers l'intérieur - le tout en une seule action fluide, qui se termine par une pichenette de la page.

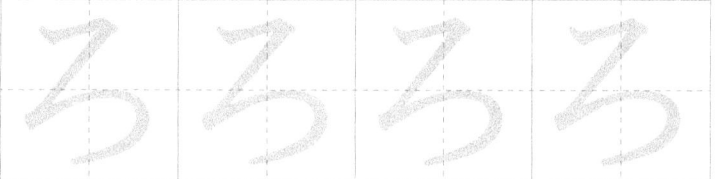

ÉCRIRE   Commencez par tracer les formes dans les grandes cellules ci-dessous.

S'ENTRAÎNER   Ensuite, entraînez-vous à dessiner ce caractère dans ces petites cellules.

わ わ **wa**

PARLER Prononcé comme le "wa" de "wasabi".

APPRENDRE

Ce kana se dessine avec deux traits ; arrêt, dégradé en zig-zag.

Commencez par le trait vertical de haut en bas, à gauche du centre et terminez par une hane vers le haut et la gauche. Votre deuxième trait traverse le premier, puis descend en diagonale vers la gauche et coupe à nouveau le premier. Terminez ce trait en dessinant la grande courbe vers la droite et en revenant autour, en l'estompant à la fin avec une pichenette.

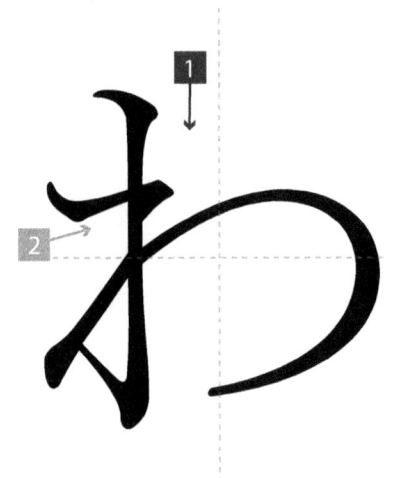

ÉCRIRE Commencez par tracer les formes dans les grandes cellules ci-dessous.

S'ENTRAÎNER Ensuite, entraînez-vous à dessiner ce caractère dans ces petites cellules.

を を wo*

PARLER Prononcé comme le "oh" de woah, avec un "w" muet.

APPRENDRE

Dessiné avec trois traits, dont chacun est un arrêt.

Votre premier trait sera une ligne horizontale de gauche à droite. La deuxième marque commence par une ligne diagonale qui croise le premier trait, avant de tourner vers le haut et de redescendre. Elle doit se terminer à un point plus bas que celui où votre stylo a tourné auparavant. Votre troisième ligne est une courbe qui part de la droite, au-dessus de la ligne centrale, et coupe la fin du deuxième trait. Elle revient vers la partie inférieure droite de la cellule, en se terminant par un arrêt.

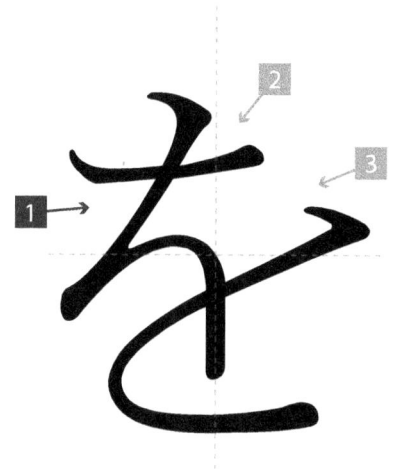

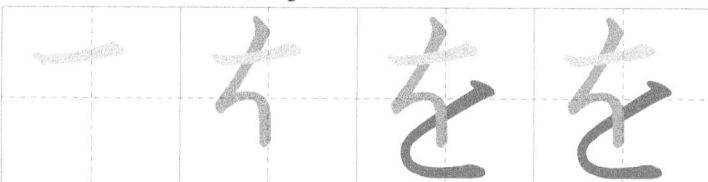

* Kana peu courant utilisé comme particule.

ÉCRIRE Commencez par tracer les formes dans les grandes cellules ci-dessous.

S'ENTRAÎNER Ensuite, entraînez-vous à dessiner ce caractère dans ces petites cellules.

| ん ん **n** | PARLER | Prononcé comme le son "n" de "encre". |

APPRENDRE

Ce kana se dessine d'un seul trait : long dégradé.

Ce caractère est créé d'un seul trait. Il commence par une ligne diagonale partant de la zone centrale supérieure et descendant vers la zone inférieure gauche. Sans lever votre stylo, remontez un peu vers le haut avant de créer une forme de vague. Terminez ce trait et ce personnage en faisant glisser votre stylo sur la page pour dégradé le trait autour de la zone centrale.

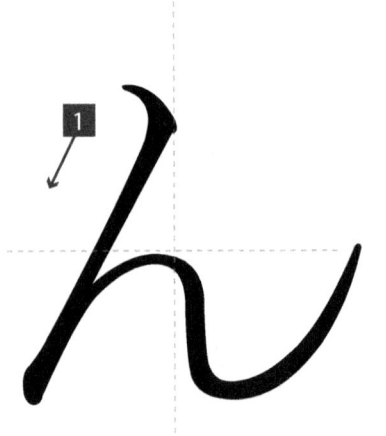

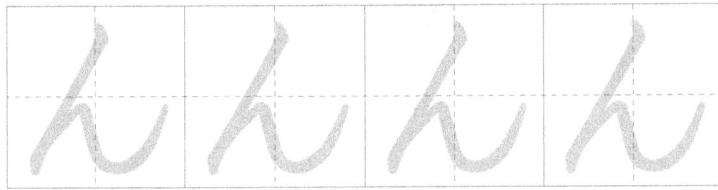

ÉCRIRE

Commencez par tracer les formes dans les grandes cellules ci-dessous.

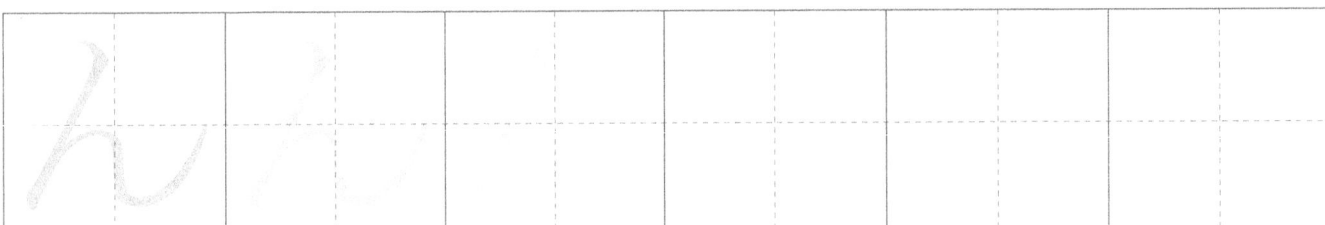

S'ENTRAÎNER

Ensuite, entraînez-vous à dessiner ce caractère dans ces petites cellules.

Partie 4

TABLEAUX KATAKANA & RÈGLES DE BASE

Tableau des katakanas

Ce tableau présente les 46 Katakana de base avec leur orthographe en Romaji représentant le même son phonétique. Les voyelles sont en haut et leurs versions correspondantes avec des consonnes sont montrées en dessous. **Notez l'exception 'n' - aussi, *wo est un kana peu commun.*

LES VOYELLES

	a	i	u	e	o
	ア a	イ i	ウ u	エ e	オ o
k	カ ka	キ ki	ク ku	ケ ke	コ ko
s	サ sa	シ shi	ス su	セ se	ソ so
t	タ ta	チ chi	ツ tsu	テ te	ト to
n	ナ na	ニ ni	ヌ nu	ネ ne	ノ no
h	ハ ha	ヒ hi	フ fu	ヘ he	ホ ho
m	マ ma	ミ mi	ム mu	メ me	モ mo
y	ヤ ya		ユ yu		ヨ yo
r	ラ ra	リ ri	ル ru	レ re	ロ ro
w	ワ wa		ン **n		ヲ *wo

CONSONNES

Modificateurs

DIACRITIQUES

Tout comme pour les *Hiragana*, il existe 25 **symboles diacritiques** dans le **Katakana**. Ils sont utilisés de la même manière, pour indiquer quand des syllabes de sonorité similaire doivent être prononcées différemment. Ce qui est encore plus pratique, c'est que les marques pour montrer ce changement de son sont identiques :

Basique   avec Dakuten   avec Handakuten

Les règles pour les symboles diacritiques des Katakana fonctionnent de la même manière. *Dakuten et Handakuten* nous indiquent que la partie consonante du son doit être modifiée à l'oral :

- Le son **k** se prononce avec un son **g**.
- Les sons **s** se transforment en sons **z** (sauf し).
- Les sons **t** deviennent des sons **d**.
- Les sons **h** deviennent des sons **b** avec *Dakuten*.
  ...ou les sons **p** avec le *Handakuten*.

	a	i	u	e	o
k ▸ g	ガ ga	ギ gi	グ gu	ゲ ge	ゴ go
s ▸ z	ザ za	ジ ji	ズ zu	ゼ ze	ゾ zo
t ▸ d	ダ da	ヂ dzi (ji)	ヅ dzu	デ de	ド do
h ▸ b	バ ba	ビ bi	ブ bu	ベ be	ボ bo
h ▸ p	パ pa	ピ pi	プ pu	ペ pe	ポ po

DIGRAPHES

Voici également les **digraphes** pour les Katakana - une fois de plus, nous utilisons deux caractères de base pour montrer où deux sons de syllabes sont combinés pour en former un autre. *Rien de plus simple, non ?*

キ + ヤ = キャ
(ki) (ya)   (kya)

Les caractères utilisés ont les mêmes sons que les deux Hiragana correspondants. L'importance d'écrire le deuxième symbole plus petit que le premier reste valable.

La prononciation de ces sons *Katakana dits composés* est tout aussi simple - par exemple, キ (ki) + ヤ (ya) devient キャ (kya) et nous le prononçons comme *"kiya"* sans le son *"i"*.

Ce tableau semble complexe, mais il faut se rappeler que les Digraphes sont faits *exclusivement* avec les lettres de la colonne イ /i *(à l'exclusion de lui-même)* **et** modifiés par les lettres de la ligne **Y** !

キャ	キュ	キョ	ギャ	ギュ	ギョ
kya	kyu	kyo	gya	gyu	gyo
シャ	シュ	ショ	ジャ	ジュ	ジョ
sha	shu	sho	ja	ju	jo
チャ	チュ	チョ	ニャ	ニュ	ニョ
cha	chu	cho	nya	nyu	nyo
ニャ	ヒュ	ヒョ	ビャ	ビュ	ビョ
hya	hyu	hyo	bya	byu	byo
ピャ	ピュ	ピョ	リャ	リュ	リョ
pya	pyu	pyo	rya	ryu	ryo
ミャ	ミュ	ミョ			
mya	myu	myo			

64 Modificateurs

Modificateurs

CONSONNES DOUBLES

Les mots japonais avec katakana peuvent également contenir un son à *double consonne*. Ces mots comportent également le petit ツ / **tsu** (*appelé sokuon*) pour montrer qu'il doit être prononcé différemment. Examinons un autre exemple de katakana :

ペット
(pe t← to) *petto*

Sans le petit ツ (tsu), le mot ペト (peto) n'a pas de sens, mais ペット (petto), avec le sokuon, signifie **animal de compagnie** - comme un hamster ou un chat !

Notez que le petit ツ est placé **avant** le caractère dont il prend le son consonantique supplémentaire. Lorsque vous voyez des mots avec ce modificateur, la partie consonante du symbole qui le suit (*dans cet exemple, le "t" de "to"*) est ajoutée à la fin du son qui le précède.

Les deux consonnes doivent être entendues séparément lorsque le mot est prononcé comme si vous disiez **"pet-to"**, mais sans laisser d'espace qui puisse être entendu.

LES VOYELLES LONGUES

Il faut toujours être conscient des voyelles allongées (*par exemple, aa, ii, oo, ee et uu*). Lorsque parlé, la durée du son est allongée (généralement doublée à nouveau), mais lorsqu'il est écrit en Katakana, nous utilisons un trait ー (*appelé* 伸ばし棒, *qui signifie littéralement " barre d'étirement "*).

C'est l'une des façons dont le Katakana diffère de l'Hiragana, à part les formes, car celui-ci utilise un symbole vocalique supplémentaire pour indiquer un son vocalique long. Voyons quelques exemples :

フ + リ = フリー   ケ + キ = ケーキ
(fu) (ri)—   *fu-rii* (gratuit)   (ke)— (ki)   *kee-ki* (gâteau)

Il est à noter que la "barre d'étirement" est tournée vers une ligne verticale lorsque le texte est écrit verticalement.

Partie 5

APPRENDRE À ÉCRIRE EN KATAKANA

 **a**

PARLER Prononcé comme le "a" de "après" ou "appareil".

APPRENDRE

Ce kana se dessine avec deux traits dégradé.

Le premier trait est une ligne horizontale partant de la gauche avant de faire un virage serré vers l'intérieur et le centre. Commencez votre deuxième trait à la fin du premier, en courbant votre stylo vers le bas et la gauche. Le deuxième trait s'estompe à mesure qu'il s'approche de la partie inférieure gauche de la cellule.

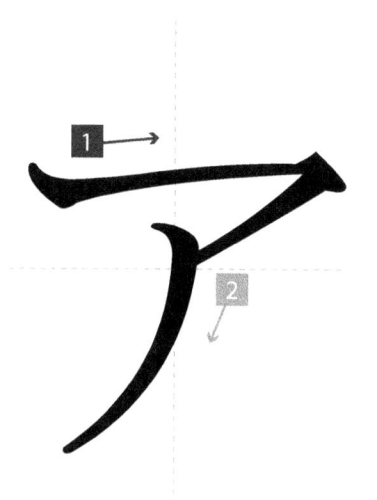

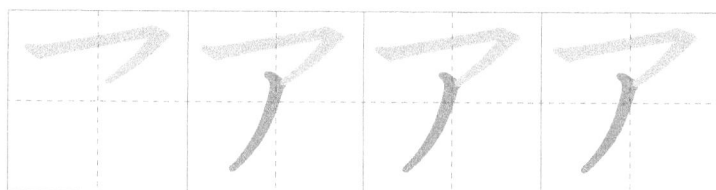

ÉCRIRE Commencez par tracer les formes dans les grandes cellules ci-dessous.

S'ENTRAÎNER Ensuite, entraînez-vous à dessiner ce caractère dans ces petites cellules.

PARLER Prononcé comme le "i" dans "intéressant" mais plus long.

APPRENDRE

Ce kana se dessine avec deux traits : un dégradé et un arrêt.

Le premier trait est une ligne diagonale légèrement incurvée, qui commence en haut à droite de la cellule et s'estompe en bas à gauche. Le trait suivant commence au centre de votre premier trait, juste à droite du milieu, et descend tout droit pour s'arrêter près du bas.

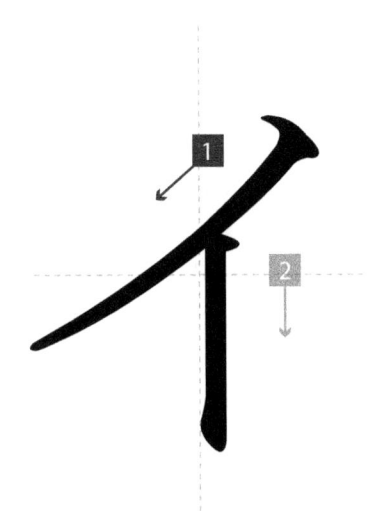

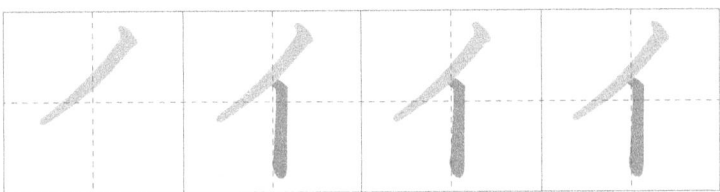

ÉCRIRE Commencez par tracer les formes dans les grandes cellules ci-dessous.

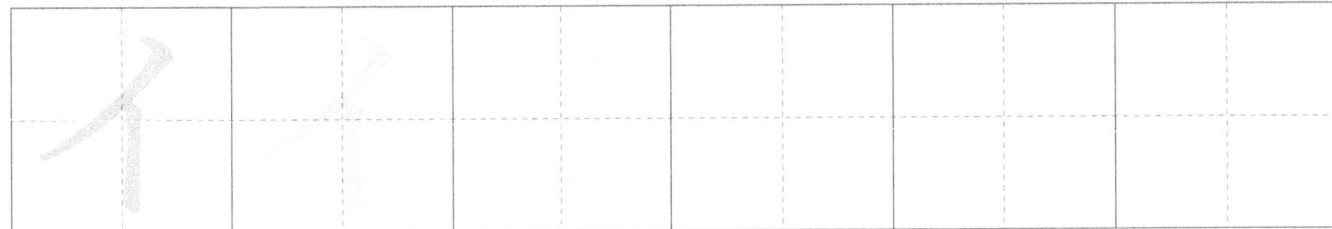

S'ENTRAÎNER Ensuite, entraînez-vous à dessiner ce caractère dans ces petites cellules.

PARLER   Prononcé comme le "u" dans "unité".

APPRENDRE

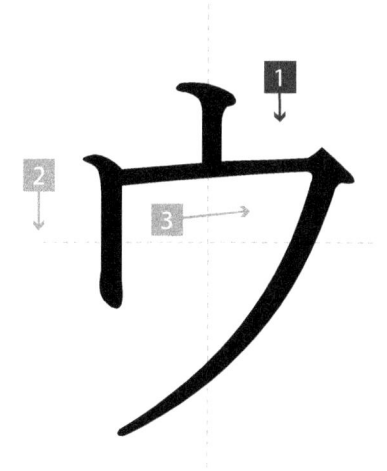

Ce kana se dessine en trois traits : arrêt, arrêt, dégradé.

Tracez votre premier trait vertical avec un arrêt court dans la partie supérieure du milieu. Le deuxième trait d'arrêt court correspond à un autre trait vertical à gauche du premier, et un peu plus bas. Le dernier trait commence là où le second a débuté. En déplaçant votre stylo horizontalement de gauche à droite, touchez la fin du premier trait, puis, à droite de la cellule, faites un virage serré vers le bas et la gauche en une courbe qui s'estompe.

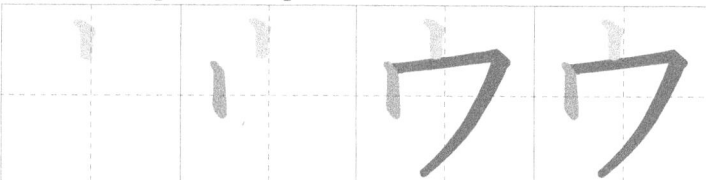

ÉCRIRE   Commencez par tracer les formes dans les grandes cellules ci-dessous.

S'ENTRAÎNER   Ensuite, entraînez-vous à dessiner ce caractère dans ces petites cellules.

エ　エ　e

PARLER Prononcé comme le "é" comme dans "étirement".

APPRENDRE

Ce kana se dessine avec trois traits : tous des arrêts.

Commencez par le trait horizontal qui traverse le milieu dans la partie supérieure de la cellule. Ensuite, vous faites votre deuxième trait à partir du milieu du premier, en descendant la ligne centrale. Le dernier trait est une autre ligne horizontale, de gauche à droite, qui passe par l'extrémité de la deuxième marque au centre. Pour s'assurer que votre caractère soit bien équilibré, votre dernier trait doit être plus large que le premier.

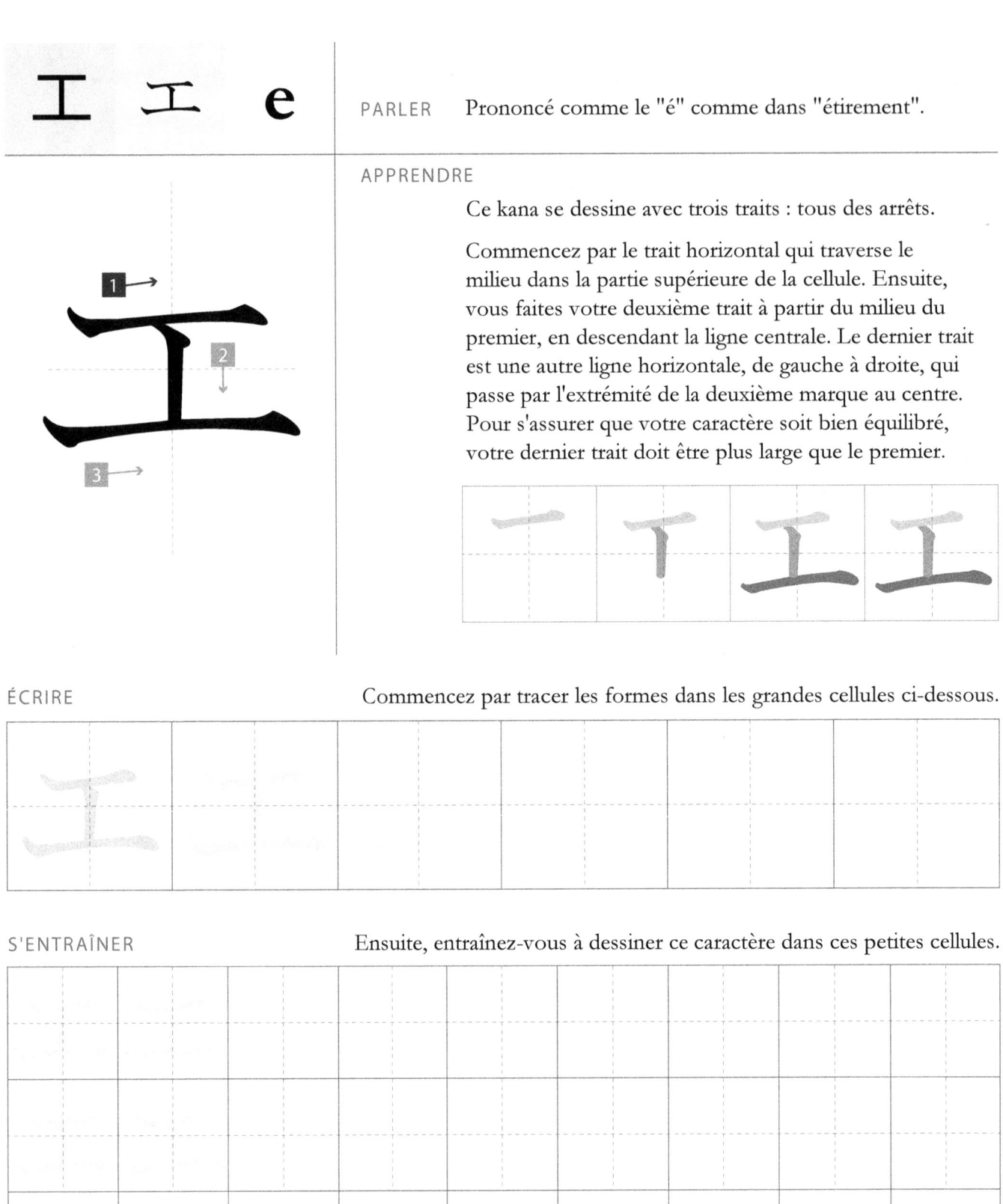

ÉCRIRE Commencez par tracer les formes dans les grandes cellules ci-dessous.

S'ENTRAÎNER Ensuite, entraînez-vous à dessiner ce caractère dans ces petites cellules.

PARLER Prononcé comme le "o" dans "original".

APPRENDRE

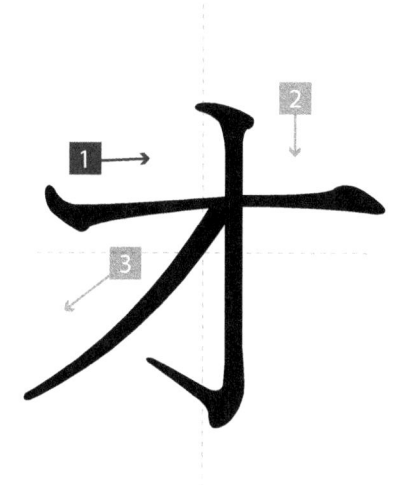

Ce kana a trois traits : arrêt, saut dégradé, et dégradé.

Commencez par tracer une longue ligne horizontale de gauche à droite. Votre deuxième trait est une ligne verticale qui croise la première à environ un tiers de la distance du côté droit. Terminez le deuxième trait en faisant glisser votre stylo sur la page (c'est ce qu'on appelle un hane). Votre dernier trait commence à l'intersection des traits 1 et 2, et s'incurve vers le bas et la gauche en dégradé - il ne doit pas descendre plus bas que le deuxième trait.

ÉCRIRE Commencez par tracer les formes dans les grandes cellules ci-dessous.

S'ENTRAÎNER Ensuite, entraînez-vous à dessiner ce caractère dans ces petites cellules.

カ カ **ka**

PARLER Prononcé comme le "ca" dans "Californie".

APPRENDRE

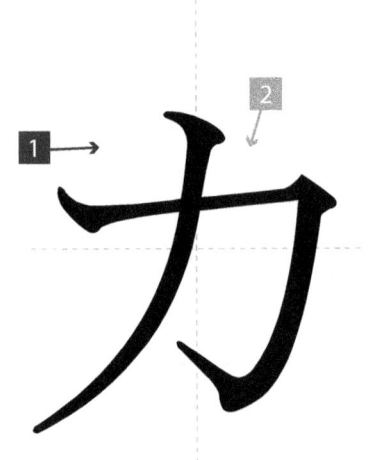

Ce kana se dessine avec deux traits : saut dégradé, arrêt.

Ce caractère est une version angulaire de l'hiragana か et commence par une ligne horizontale légèrement inclinée qui tourne brusquement vers le bas. La partie descendante doit avoir une légère courbe vers l'arrière et en diagonale vers la gauche. Terminez ce trait par un hane en faisant glisser votre stylo sur le papier. Votre deuxième trait est une ligne diagonale vers le bas, avec une courbe vers la gauche et vers le haut.

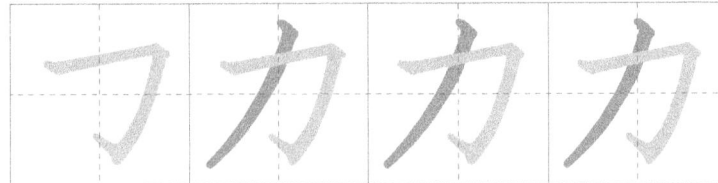

ÉCRIRE Commencez par tracer les formes dans les grandes cellules ci-dessous.

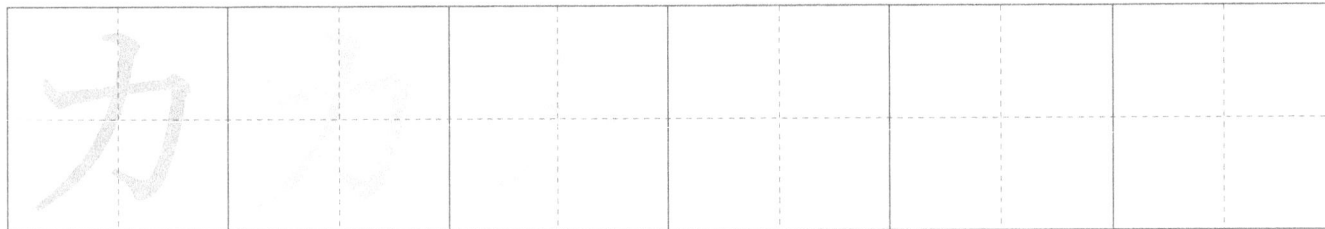

S'ENTRAÎNER Ensuite, entraînez-vous à dessiner ce caractère dans ces petites cellules.

PARLER

Prononcé comme le "ki" dans "kiné".

APPRENDRE

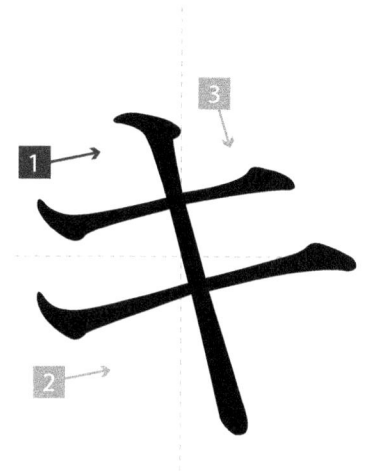

Dessiné avec trois traits ; tous des arrêts.

Vous remarquerez que ce katakana est également très similaire à son homologue hiragana - les traits 1 et 2 sont des lignes diagonales parallèles allant de gauche à droite, dans une direction ascendante, le second étant légèrement plus long que le premier. Votre marque finale est simplement une autre ligne diagonale droite, du haut à gauche au bas à droite. Elle doit couper approximativement le milieu de vos deux premiers traits.

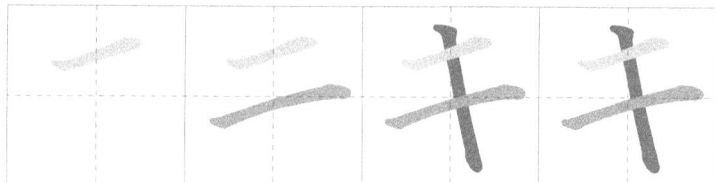

ÉCRIRE

Commencez par tracer les formes dans les grandes cellules ci-dessous.

S'ENTRAÎNER

Ensuite, entraînez-vous à dessiner ce caractère dans ces petites cellules.

ク ク ku

PARLER Prononcé comme le "cu" de "Cuba".

APPRENDRE

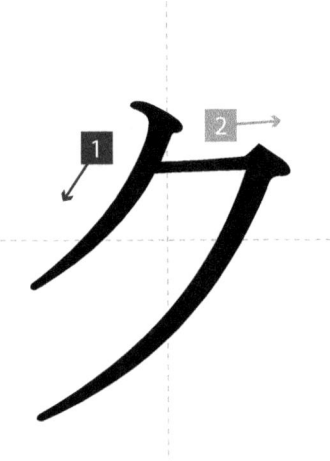

Ce kana se dessine avec deux traits : les deux dégradés. Commencez par la première ligne diagonale incurvée en partant du milieu supérieur, en descendant et en allant vers la gauche. Entamez votre deuxième trait à peu près au même endroit que le premier. Il commence par une marque horizontale beaucoup plus courte que les kana précédents, avant un virage brusque et une autre courbe diagonale beaucoup plus longue vers le bas et vers la gauche. Entraînez-vous à tracer les deux parties diagonales parallèlement l'une à l'autre pour une écriture plus soignée !

ÉCRIRE Commencez par tracer les formes dans les grandes cellules ci-dessous.

S'ENTRAÎNER Ensuite, entraînez-vous à dessiner ce caractère dans ces petites cellules.

ケ ケ **ke**

PARLER Prononcé comme le mot "quai".

APPRENDRE

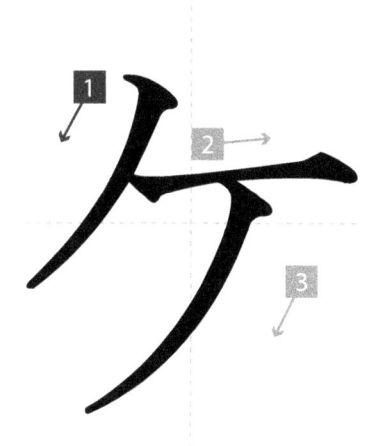

Ce kana a trois traits : dégradé, arrêt, dégradé.

En commençant de manière similaire au katakana précédent ク, tracez la première ligne diagonale et terminez en réduisant la pression et en soulevant doucement votre stylo pour que le trait soit dégradé. Le deuxième trait part cette fois du milieu de votre première ligne et n'est qu'une ligne horizontale plus longue qui s'arrête. Commencez le troisième trait au milieu de la deuxième ligne et déplacez votre stylo en une courbe vers le bas et vers la gauche en dégradé - parallèle au premier.

ÉCRIRE Commencez par tracer les formes dans les grandes cellules ci-dessous.

S'ENTRAÎNER Ensuite, entraînez-vous à dessiner ce caractère dans ces petites cellules.

コ　コ　ko

PARLER   Prononcé comme le "co" de "composition".

APPRENDRE

Ce kana se dessine avec deux traits : les deux arrêts.

Le premier trait est une ligne horizontale qui s'arrête et tourne vers le bas de façon assez nette. Votre deuxième trait est un autre trait horizontal partant de la gauche et doit rejoindre la fin de votre premier trait avec un arrêt. Les deux parties horizontales doivent être parallèles et de même longueur.

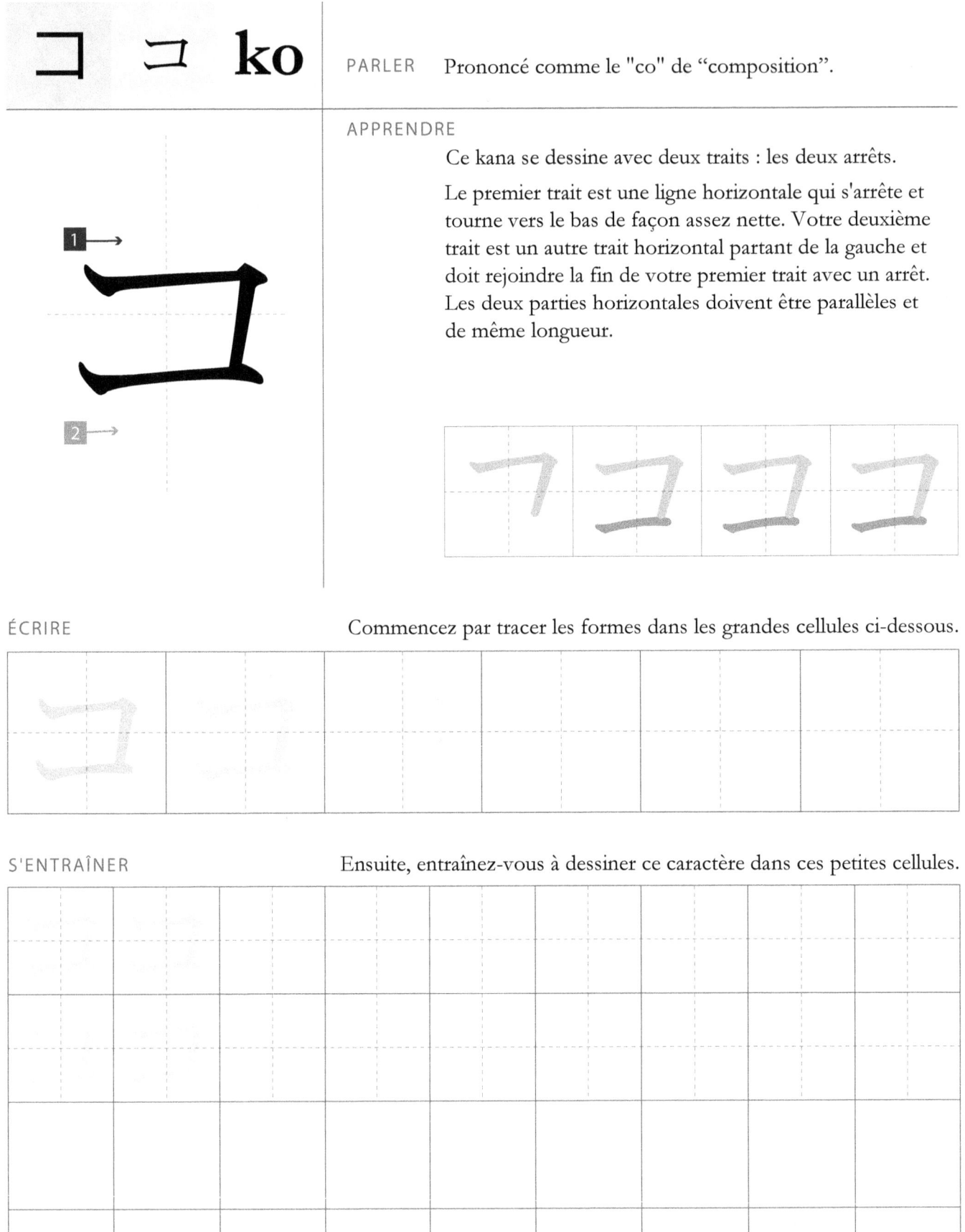

ÉCRIRE   Commencez par tracer les formes dans les grandes cellules ci-dessous.

S'ENTRAÎNER   Ensuite, entraînez-vous à dessiner ce caractère dans ces petites cellules.

 **sa**

PARLER   Prononcé comme le "sa" de "sardines".

APPRENDRE

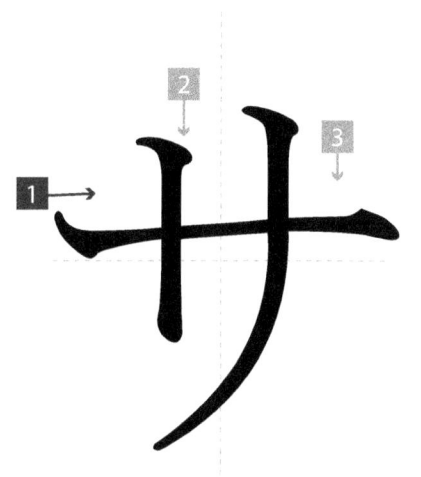

Ce kana se dessine avec trois traits : stop, stop, dégradé.

Démarrez ce kana avec une longue ligne horizontale. Votre deuxième trait coupe le premier à peu près au tiers de la gauche, en descendant tout droit jusqu'à un arrêt. Le troisième trait est une ligne plus longue ligne courbe plus longue qui coupe la première, à peu près à un tiers de sa longueur en partant de la droite. Il commence comme une ligne verticale avant l'intersection, mais se courbe vers la gauche après avoir traversé le premier trait.

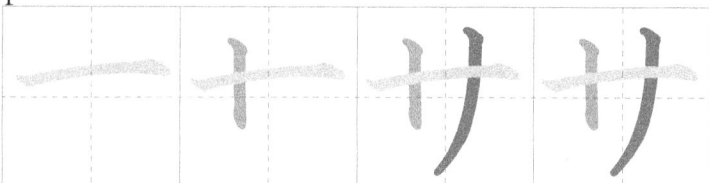

ÉCRIRE   Commencez par tracer les formes dans les grandes cellules ci-dessous.

S'ENTRAÎNER   Ensuite, entraînez-vous à dessiner ce caractère dans ces petites cellules.

| PARLER | Prononcé comme "chi" dans "Chine". |

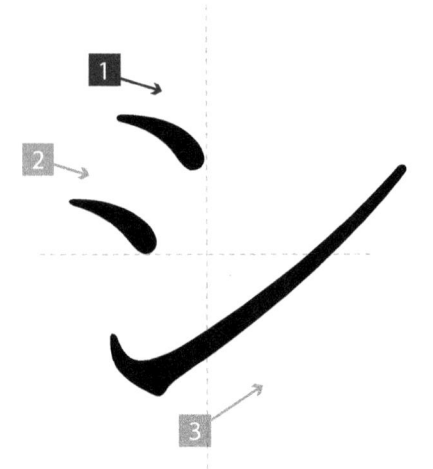

APPRENDRE

Dessinez ce kana avec trois traits ; arrêt, arrêt, dégradé.

Le premier et le deuxième trait sont de courtes marques d'arrêt, faites en parallèle et avec un léger angle vers le bas. Votre troisième trait commence dans la zone inférieure gauche, sous les premiers traits, et s'incurve vers le haut et la droite. Vous devez prêter une attention particulière à l'espacement des trois traits et aux points des points de départ. Nous verrons plus loin des caractères très similaires.

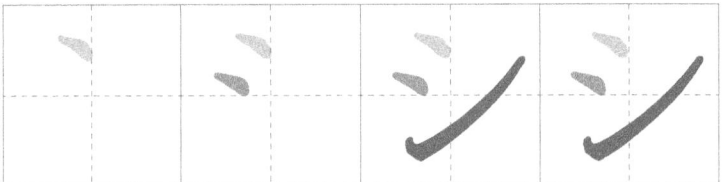

ÉCRIRE — Commencez par tracer les formes dans les grandes cellules ci-dessous.

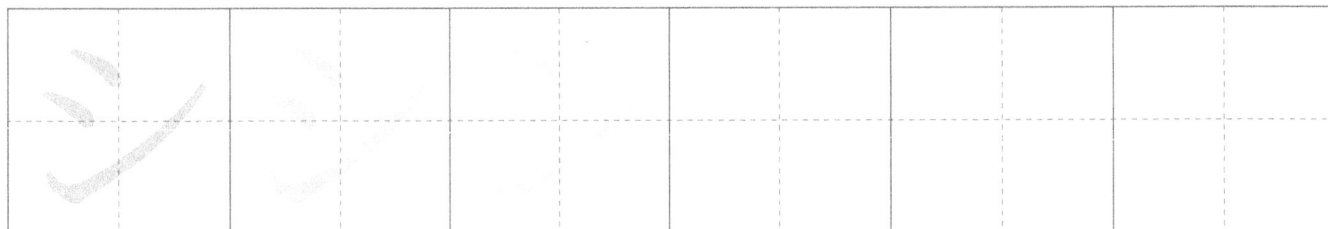

S'ENTRAÎNER — Ensuite, entraînez-vous à dessiner ce caractère dans ces petites cellules.

ス　ス　**su**

PARLER　　Prononcé comme le "su" de "super".

APPRENDRE

Il y a deux traits : un long dégradé et un arrêt.

Ce caractère commence par un trait que nous avons fait dans les kana précédents. Il commence par une ligne horizontale de gauche à droite avant de se transformer en une courbe, descendant et revenant vers la gauche en dégradé. Votre deuxième marque est un coup d'arrêt relativement court et commence à peu près au milieu de la courbe du premier coup.

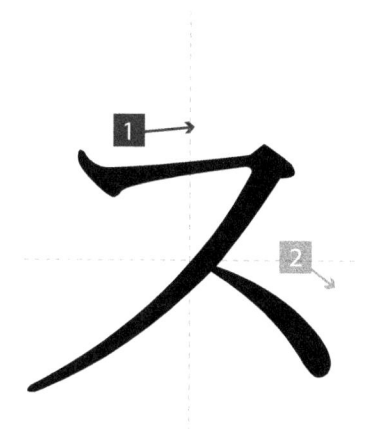

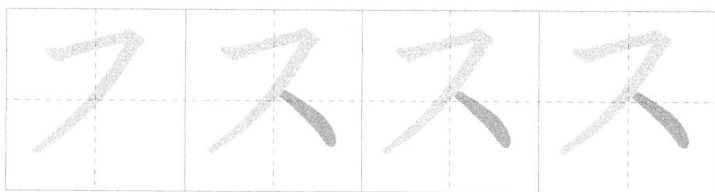

ÉCRIRE　　Commencez par tracer les formes dans les grandes cellules ci-dessous.

S'ENTRAÎNER　　Ensuite, entraînez-vous à dessiner ce caractère dans ces petites cellules.

セ セ **se**

PARLER　　Prononcé comme "sé" dans "Sénégal".

APPRENDRE

Ce kana se dessine avec deux traits : un dégradé et un arrêt

Commencez le premier trait par une ligne relativement longue et inclinée de gauche à droite. Lorsque vous vous approchez du côté droit, il se transforme en dégradé vers le bas et vers la gauche - mais pas tout à fait aussi nettement que les autres kana. Votre deuxième trait commence par une ligne verticale droite, tracée depuis le haut, puis s'incline doucement vers la droite, près du bas de la cellule.

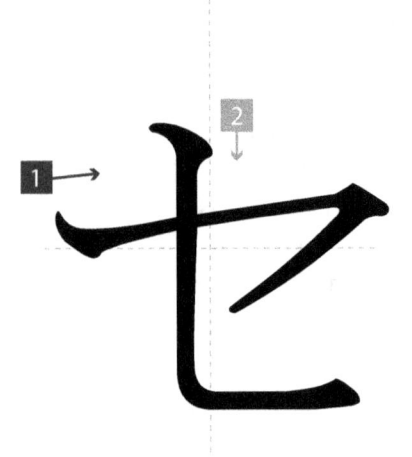

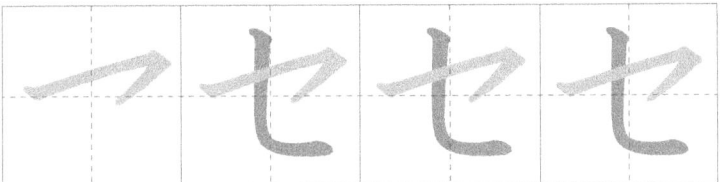

ÉCRIRE　　Commencez par tracer les formes dans les grandes cellules ci-dessous.

S'ENTRAÎNER　　Ensuite, entraînez-vous à dessiner ce caractère dans ces petites cellules.

 **so**

PARLER Prononcé comme le "so" de "soja".

APPRENDRE

Ce kana est créé avec deux traits : arrêt court, dégradé.

Commencez par un trait d'arrêt court et angulaire en haut à gauche. Ce trait doit être fait avec un angle assez prononcé, mais tellement qu'il ressemble à une ligne verticale. Une fois de plus, le deuxième trait est réalisé avec une longue courbe qui s'estompe vers le bas et la gauche. Le point de départ de votre deuxième trait doit être à une hauteur similaire à celle du premier.

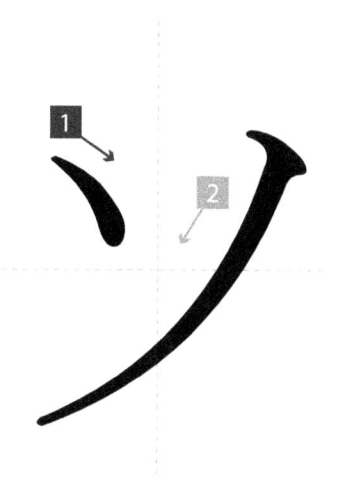

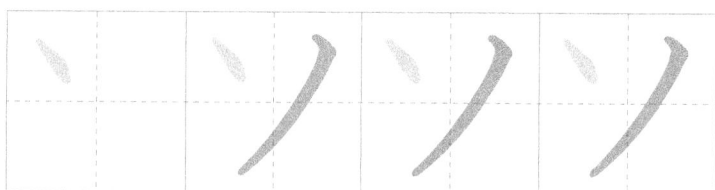

ÉCRIRE   Commencez par tracer les formes dans les grandes cellules ci-dessous.

S'ENTRAÎNER   Ensuite, entraînez-vous à dessiner ce caractère dans ces petites cellules.

タ タ **ta**

PARLER   Prononcé comme le "ta" de "tapis".

APPRENDRE

Ce kana se dessine en trois traits : dégradé, dégradé, arrêt.

Un autre kana avec des formes désormais familières. De manière similaire à ク et ケ, votre premier trait est une courbe diagonale qui s'estompe du centre supérieur vers le bas à gauche. Le deuxième trait commence par une ligne horizontale partant du même point de départ que le premier et s'incurvant vers la gauche. Votre dernier trait est une courte ligne diagonale partant du milieu du premier trait. Elle coupe le milieu du deuxième trait.

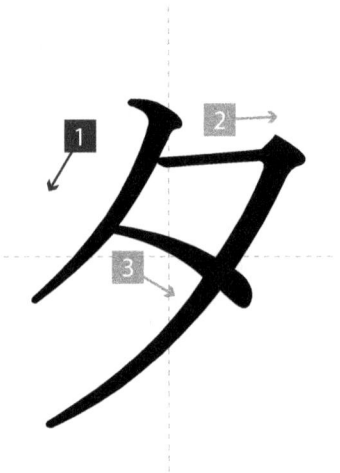

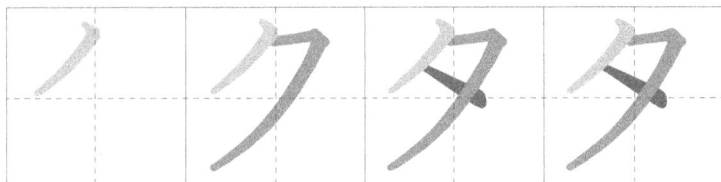

ÉCRIRE   Commencez par tracer les formes dans les grandes cellules ci-dessous.

S'ENTRAÎNER   Ensuite, entraînez-vous à dessiner ce caractère dans ces petites cellules.

チ チ chi

PARLER   Prononcé comme le "chi" de "tai-chi".

APPRENDRE

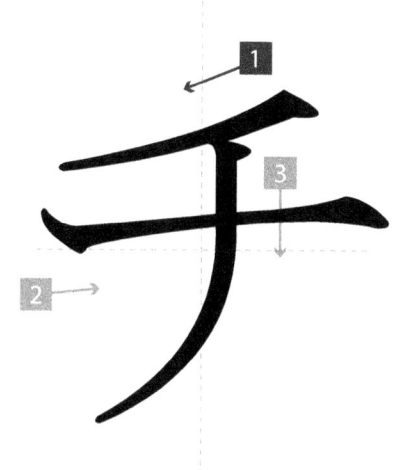

Ce kana se dessine en trois traits : dégradé, arrêt, dégradé.

Votre premier trait est une courbe peu profonde, qui s'estompe à partir de la partie supérieure droite et descend légèrement vers la gauche. Le deuxième trait est une longue ligne horizontale avec un arrêt. Votre troisième trait doit commencer au milieu de la première courbe et croiser le deuxième trait, avant de s'incurver vers le bas et la gauche. Veillez à ce que votre deuxième trait soit plus large que le premier des deux côtés !

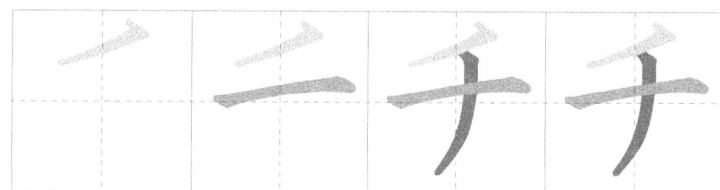

ÉCRIRE   Commencez par tracer les formes dans les grandes cellules ci-dessous.

S'ENTRAÎNER   Ensuite, entraînez-vous à dessiner ce caractère dans ces petites cellules.

ツ ツ **tsu**

PARLER Prononcé comme le "tsu" de "tsunami".

APPRENDRE

Ce kana a trois traits : deux arrêts et un dégradé.

Ce caractère ressemble au Katakana シ et les deux premiers traits sont à nouveau constitués de deux lignes parallèles et angulaires. Votre troisième trait est une courbe qui s'estompe vers la gauche à partir du trait supérieur droit. Pour les mêmes raisons, faites attention à l'espacement de vos points de départ pour chaque trait.

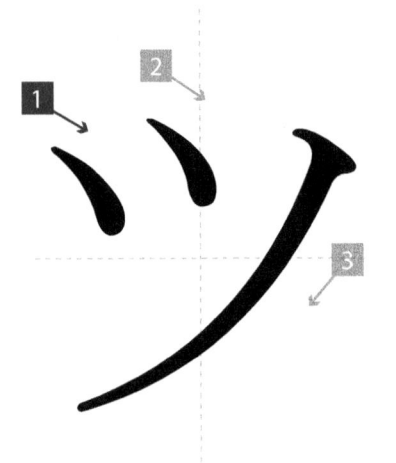

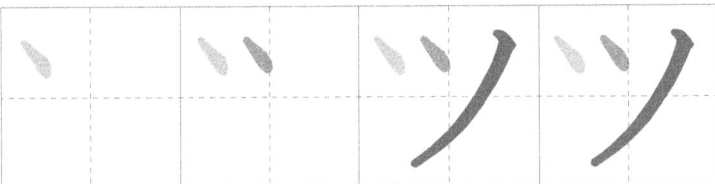

ÉCRIRE Commencez par tracer les formes dans les grandes cellules ci-dessous.

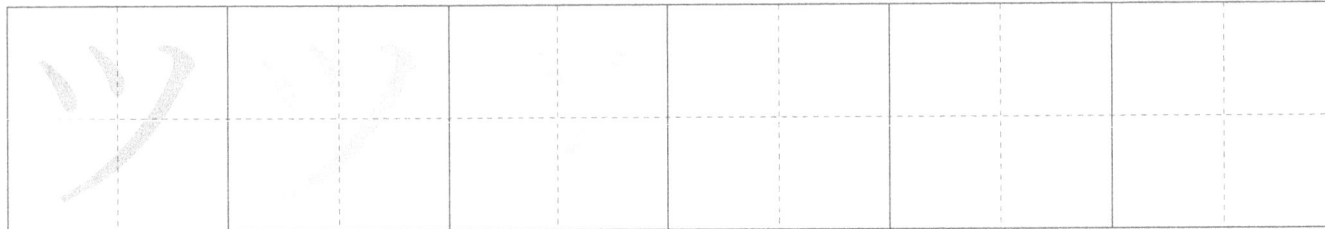

S'ENTRAÎNER Ensuite, entraînez-vous à dessiner ce caractère dans ces petites cellules.

テ テ **te**

PARLER   Prononcé comme le mot "thé".

APPRENDRE

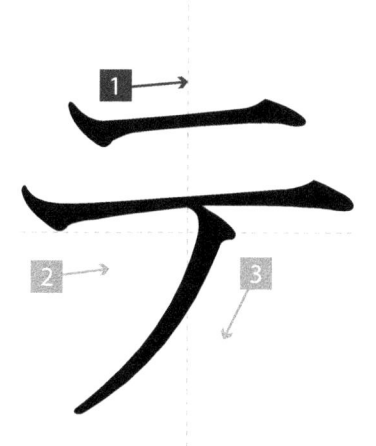

Ce kana se dessine en trois traits : stop, stop, dégradé.

Ce kana commence par deux traits d'arrêt parallèles, formant des lignes horizontales de gauche à droite. Veillez à ce que votre deuxième trait soit plus long que le premier. Votre troisième trait est une ligne diagonale plus courte et courbée vers le bas et le côté gauche. Elle commence au milieu de votre deuxième trait.

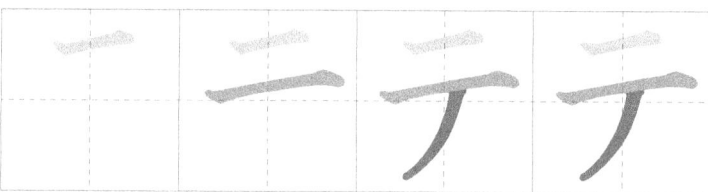

ÉCRIRE   Commencez par tracer les formes dans les grandes cellules ci-dessous.

S'ENTRAÎNER   Ensuite, entraînez-vous à dessiner ce caractère dans ces petites cellules.

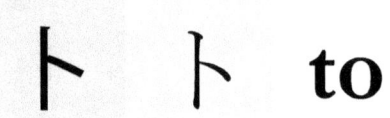 to

PARLER   Prononcé comme le "to" de "ton".

APPRENDRE

Ce kana est obtenu en deux traits : arrêt, arrêt.

Tracez une longue ligne verticale commençant près du haut de la cellule, et légèrement à gauche du centre, se terminant par un arrêt près du bas de la cellule. Votre deuxième ligne est une marque d'arrêt beaucoup plus courte, commençant au-dessus du centre de la cellule, et se déplaçant vers le bas et la droite dans une direction diagonale.

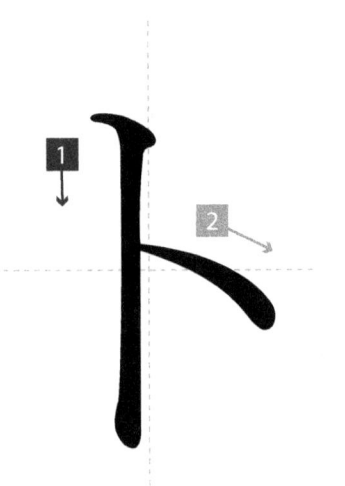

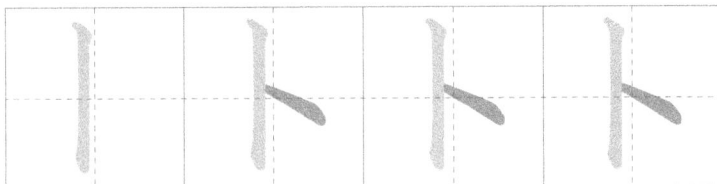

ÉCRIRE   Commencez par tracer les formes dans les grandes cellules ci-dessous.

S'ENTRAÎNER   Ensuite, entraînez-vous à dessiner ce caractère dans ces petites cellules.

ナ ナ **na**

PARLER — Prononcé comme le "na" de narval.

APPRENDRE

Ce kana a deux traits : un arrêt et un dégradé.

Commencez par un trait d'arrêt horizontal relativement long, au-dessus de la ligne centrale. La deuxième ligne commence près du haut, au milieu, et est tracée vers le bas et à travers le premier trait. Il commence comme une ligne verticale et s'incurve vers la partie inférieure gauche de la cellule après l'intersection.

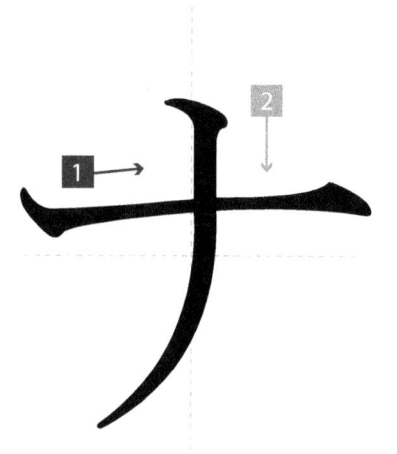

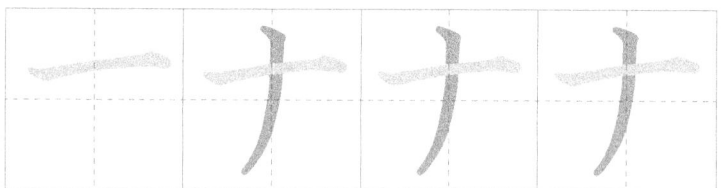

ÉCRIRE — Commencez par tracer les formes dans les grandes cellules ci-dessous.

S'ENTRAÎNER — Ensuite, entraînez-vous à dessiner ce caractère dans ces petites cellules.

二 ニ **ni**

PARLER   Prononcé comme le "ni" de "Nice".

APPRENDRE

Ce kana a deux traits ; les deux sont des arrêts.

Comme l'un des caractères Katakana les plus simples, nous dessinons ニ avec deux lignes parallèles. Chacune se déplace horizontalement de gauche à droite, avec une légère inclinaison. Votre deuxième trait doit être plus long que le premier, et s'étendre des deux côtés.

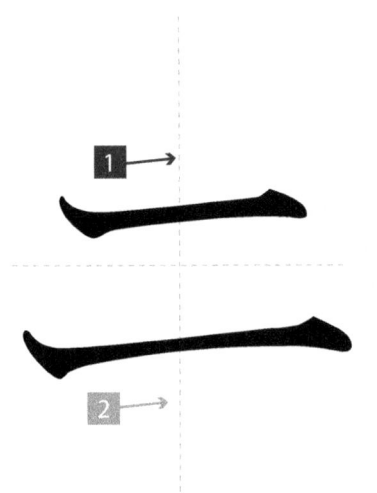

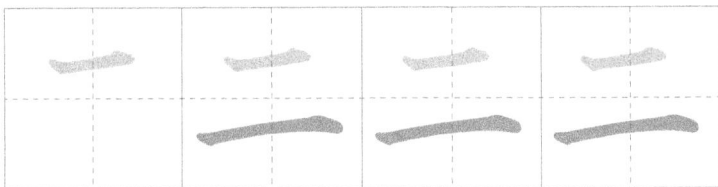

ÉCRIRE   Commencez par tracer les formes dans les grandes cellules ci-dessous.

S'ENTRAÎNER   Ensuite, entraînez-vous à dessiner ce caractère dans ces petites cellules.

 **nu**

PARLER — Prononcé comme le "nu" de "nuance".

APPRENDRE

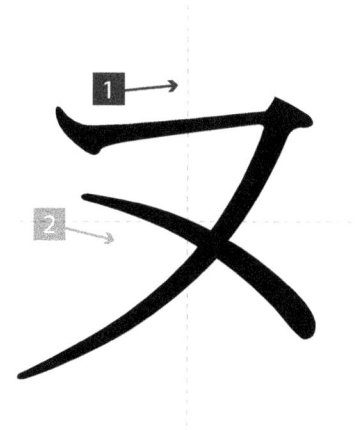

Dessiné avec deux traits ; un long dégradé, un arrêt. Commencez votre premier trait par une ligne horizontale légèrement inclinée de gauche à droite et légèrement vers le haut. Sans lever le stylo, faites un virage serré vers le bas en une longue courbe. Elle se termine par un dégradé dans la partie inférieure gauche de la cellule. Votre deuxième trait est une courbe plus courte qui se termine par un arrêt. Il commence en dessous du début de votre premier trait et coupe le milieu de la courbe que vous venez de faire.

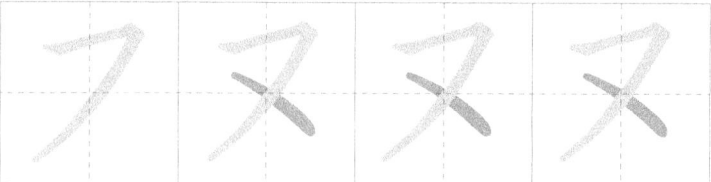

ÉCRIRE — Commencez par tracer les formes dans les grandes cellules ci-dessous.

S'ENTRAÎNER — Ensuite, entraînez-vous à dessiner ce caractère dans ces petites cellules.

ネ ネ **ne**

PARLER   Prononcé comme le "né" de "négative".

APPRENDRE

Ce kana a quatre traits : arrêt, dégradé, arrêt et arrêt. Commencez par une marque d'arrêt courte et angulaire dans le centre supérieur. Votre deuxième trait commence par une ligne horizontale avant de se transformer en une courbe qui s'estompe vers le bas et la gauche. Le troisième trait est une ligne verticale avec un arrêt, qui commence au milieu de la courbe du deuxième trait. Pour finir, le dernier trait est une courte ligne diagonale qui doit être à peu près de la même longueur que l'extrémité inférieure de votre longue courbe.

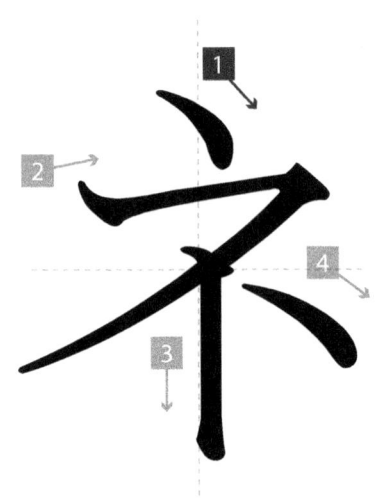

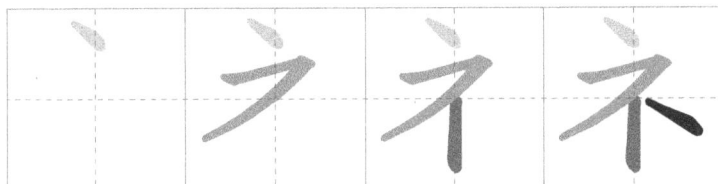

ÉCRIRE   Commencez par tracer les formes dans les grandes cellules ci-dessous.

S'ENTRAÎNER   Ensuite, entraînez-vous à dessiner ce caractère dans ces petites cellules.

ノ ノ **no**

PARLER — Prononcé comme le "no" de "noble".

APPRENDRE

Ce kana s'écrit avec un seul trait : un dégradé.

Ceci est sans doute le plus simple des katakana et consiste en un seul trait courbe qui s'estompe. Il commence en haut à droite et s'estompe en bas à gauche. Faites attention au positionnement de ce kana.

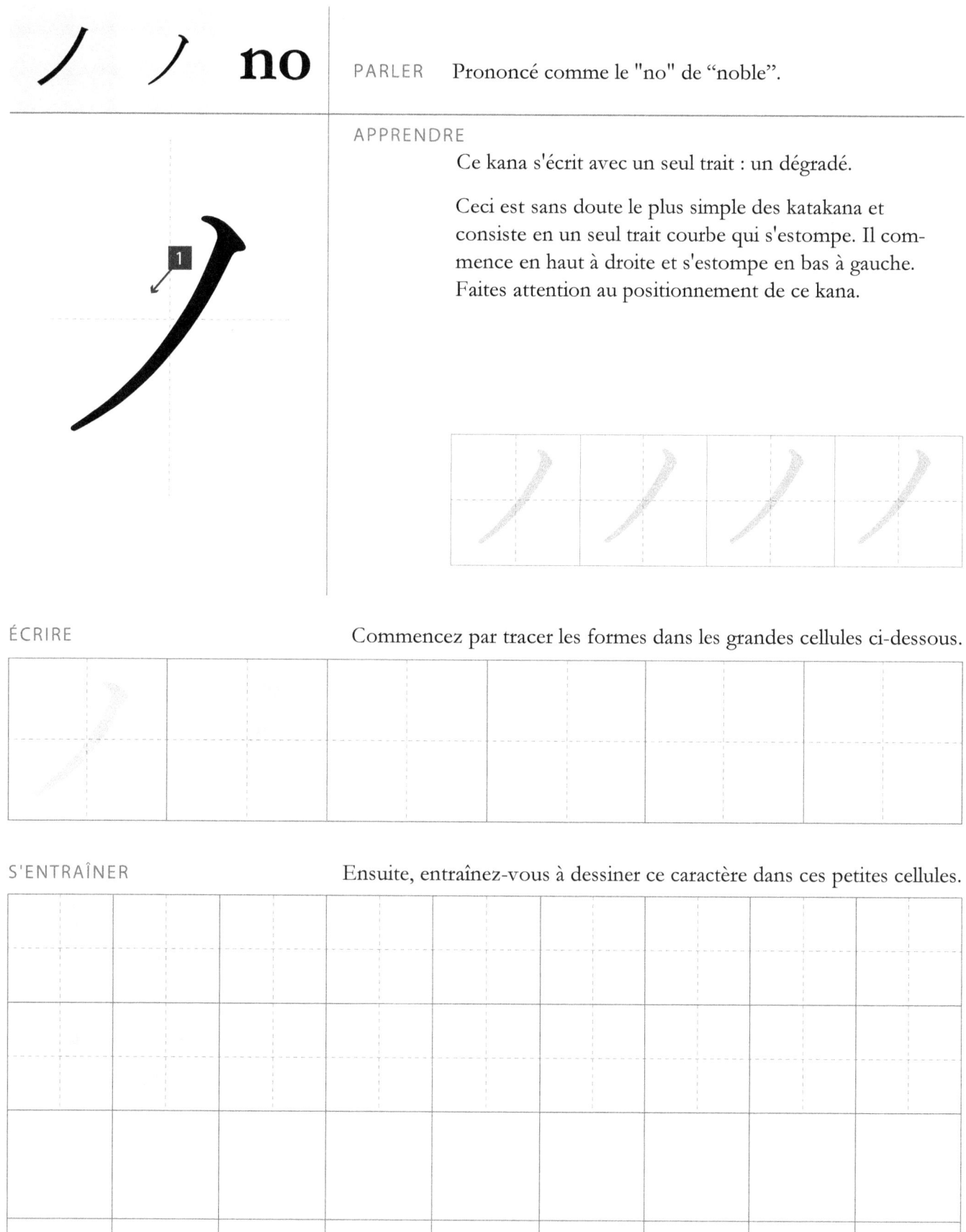

ÉCRIRE — Commencez par tracer les formes dans les grandes cellules ci-dessous.

S'ENTRAÎNER — Ensuite, entraînez-vous à dessiner ce caractère dans ces petites cellules.

 **ha**

PARLER   Prononcé comme le "ha" quand on rit, comme ha-ha.

APPRENDRE

Dessinez ce kana avec deux traits : un dégradé et un arrêt.

Votre premier trait est une ligne diagonale incurvée partant juste à gauche du centre et s'estompant vers la gauche. La deuxième marque reflète presque la première, mais se termine par un arrêt dans la zone inférieure droite. Les points de départ doivent être espacés et éloignés de la ligne centrale.

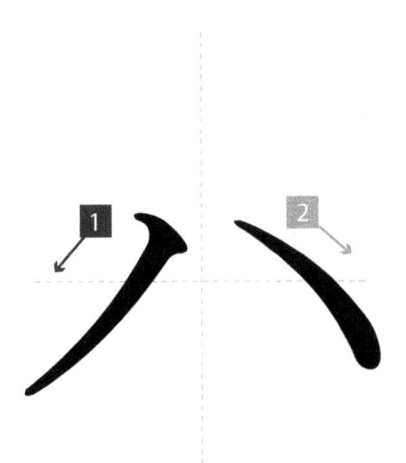

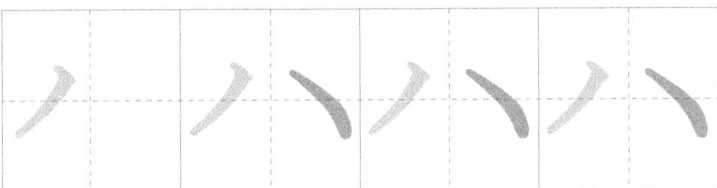

ÉCRIRE   Commencez par tracer les formes dans les grandes cellules ci-dessous.

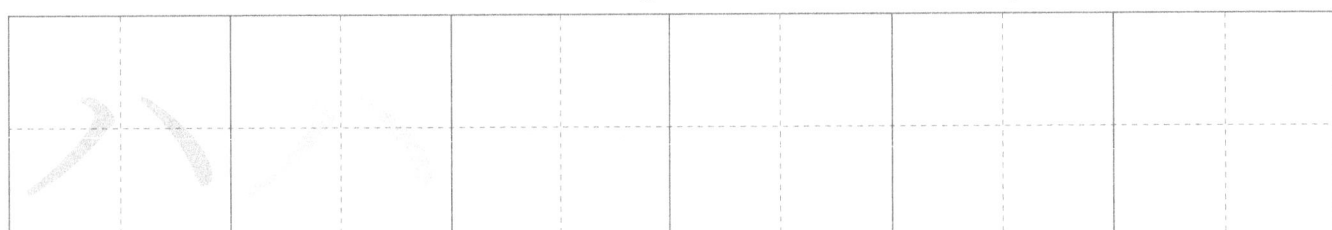

S'ENTRAÎNER   Ensuite, entraînez-vous à dessiner ce caractère dans ces petites cellules.

PARLER   Prononcé comme le "hi" de "hippopotame".

APPRENDRE

Ce kana se dessine avec deux traits ; les deux sont des arrêts. Faites le premier trait comme une ligne légèrement inclinée de gauche à droite, se terminant par un arrêt. Le deuxième trait commence en haut à gauche et forme une ligne verticale vers le bas, touchant juste la fin du premier. Lorsque votre stylo approche de la partie inférieure de la case, tournez doucement vers la droite - il ne s'agit pas d'un angle aigu comme dans d'autres kana. Le deuxième trait doit s'arrêter à peu près sous l'extrémité du premier.

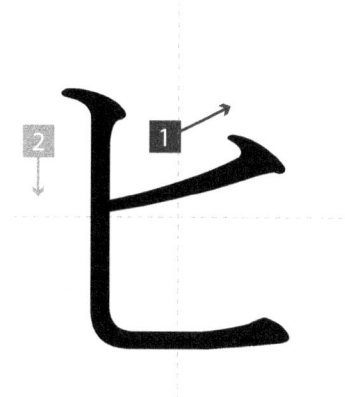

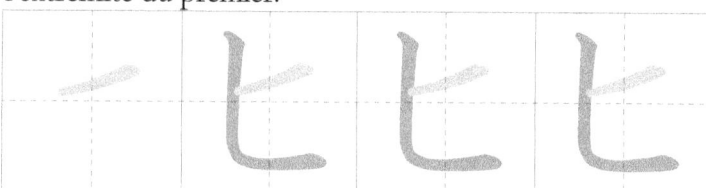

ÉCRIRE   Commencez par tracer les formes dans les grandes cellules ci-dessous.

S'ENTRAÎNER   Ensuite, entraînez-vous à dessiner ce caractère dans ces petites cellules.

フ フ fu

PARLER Prononcé comme le "hi" de "hippopotame".

APPRENDRE

Dessinée d'un seul trait, cette courbe est un long dégradé.

Ce kana a été dessiné dans le cadre des symboles précédents de ce cahier d'exercices. D'une forme similaire à celle du chiffre 7, il commence par une ligne horizontale légèrement inclinée. Lorsque votre stylo s'approche du côté droit de la cellule, il doit tourner assez brusquement. Gardez votre stylo sur la page pour créer la longue courbe qui s'estompe vers le bas et la gauche de la cellule.

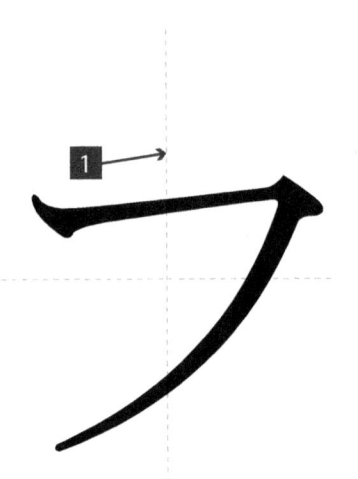

ÉCRIRE Commencez par tracer les formes dans les grandes cellules ci-dessous.

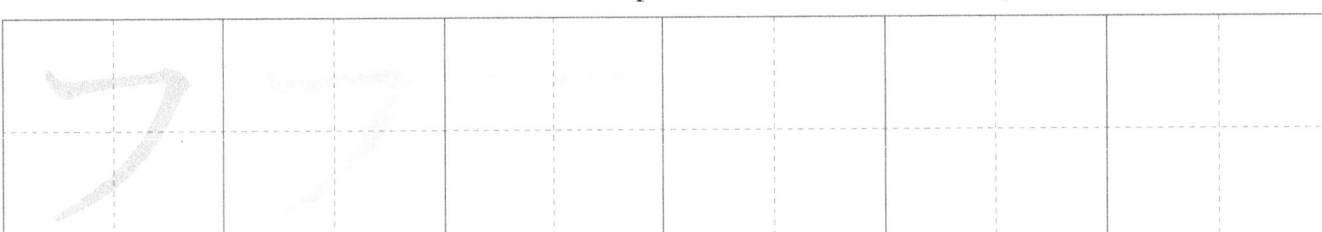

S'ENTRAÎNER Ensuite, entraînez-vous à dessiner ce caractère dans ces petites cellules.

 **he**

PARLER   Prononcé comme le "hé" de "Hélène".

APPRENDRE

Ce kana est réalisé avec un seul trait : un arrêt.

Ce kana à un seul trait commence au milieu du côté gauche de la cellule. Déplacez votre stylo en diagonale vers le haut et la droite mais, avant d'atteindre la ligne centrale, redescendez et tracez une ligne diagonale plus longue en bas à droite. Assurez-vous que le "point" en haut est positionné à gauche de la ligne centrale.

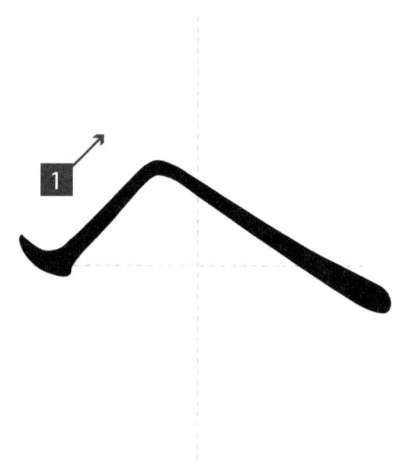

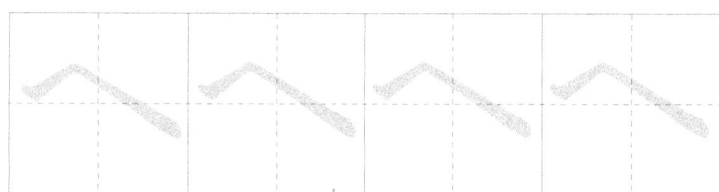

ÉCRIRE   Commencez par tracer les formes dans les grandes cellules ci-dessous.

S'ENTRAÎNER   Ensuite, entraînez-vous à dessiner ce caractère dans ces petites cellules.

ホ ホ ho

PARLER — Prononcé comme le "ho" de "homogène".

APPRENDRE

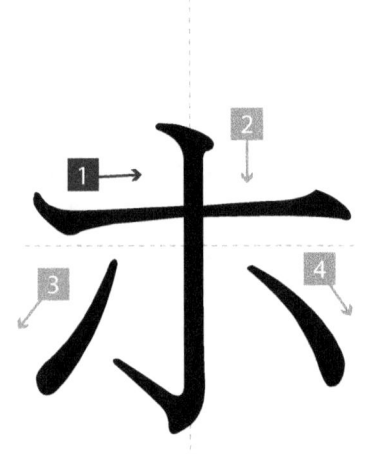

Ce kana a quatre traits : arrêt, saut dégradé, arrêt et arrêt.

Le premier trait est une ligne horizontale de gauche à droite. Le deuxième trait est une ligne verticale, qui coupe le milieu du premier trait, juste au-dessus du centre de la cellule. Terminez par un hane en faisant glisser votre stylo sur le papier. Les troisième et quatrième traits sont réalisés de la même manière que les kana ノ\, en se reflétant l'un l'autre. Ils ne doivent pas entrer en contact avec d'autres marques.

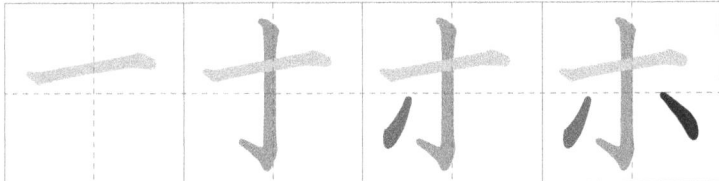

ÉCRIRE — Commencez par tracer les formes dans les grandes cellules ci-dessous.

S'ENTRAÎNER — Ensuite, entraînez-vous à dessiner ce caractère dans ces petites cellules.

 **ma** | PARLER Prononcé comme le "ma" de "maman".

APPRENDRE

Dessiné avec deux traits ; long dégradé, court arrêt.

En commençant par un premier trait familier, dessinez votre stylo à travers la cellule en une ligne horizontale. Sans lever votre stylo, tournez brusquement vers l'arrière et vers le bas avec une courbe plus courte et délavée vers la gauche. Votre deuxième trait est une ligne relativement courte, faite en angle vers le bas et vers la droite. Veillez à ne pas confondre ce trait avec le kana ア que nous avons appris au début !

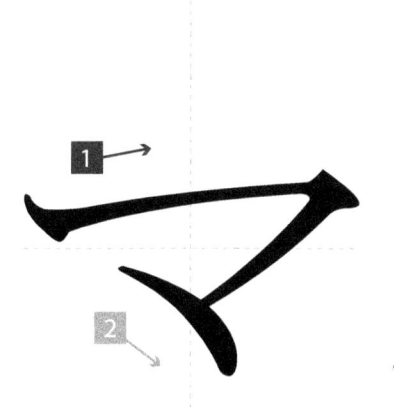

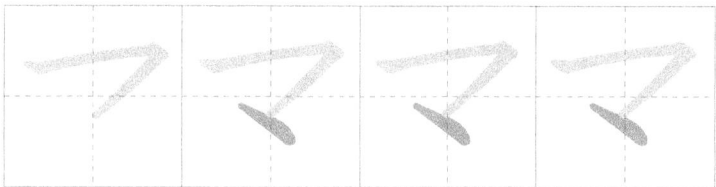

ÉCRIRE Commencez par tracer les formes dans les grandes cellules ci-dessous.

S'ENTRAÎNER Ensuite, entraînez-vous à dessiner ce caractère dans ces petites cellules.

PARLER   Prononcé comme le "mi" de "mignon".

APPRENDRE

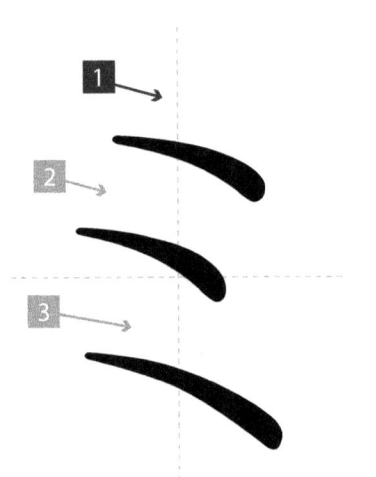

Dessiné avec trois traits ; chacun est un arrêt court.

Ce kana est relativement simple, il consiste en trois lignes courtes et parallèles. Chacune est tracée avec un léger angle, en arrêtant le stylo au fur et à mesure que vous descendez de gauche à droite. Le troisième trait est légèrement plus long, et la position de départ se trouve un peu plus à droite.

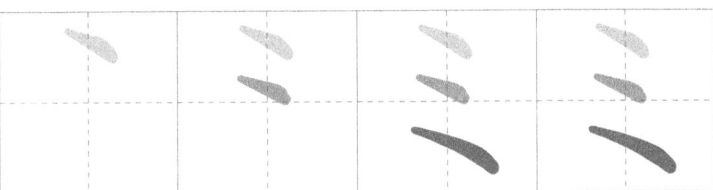

ÉCRIRE   Commencez par tracer les formes dans les grandes cellules ci-dessous.

S'ENTRAÎNER   Ensuite, entraînez-vous à dessiner ce caractère dans ces petites cellules.

 **mu**

PARLER　Prononcé comme "mu" de "musique".

APPRENDRE

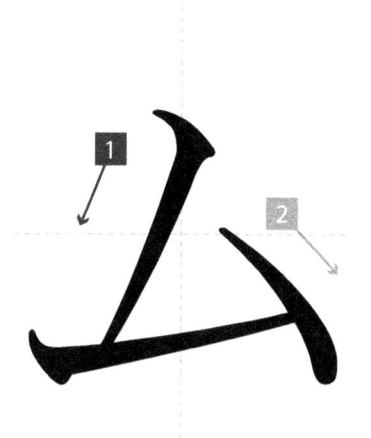

Dessinez ce kana en deux traits ; arrêt et arrêt.
Ceci ressemble presque à trois traits distincts, mais le premier crée une sorte de forme en "L". Commencez par une ligne droite, tracée en diagonale du milieu supérieur vers le bas à gauche. Gardez votre stylo sur le papier et faites un virage serré vers la droite. Tracez un angle beaucoup plus faible à travers la case et terminez par un arrêt. La deuxième ligne est une courte marque d'arrêt diagonale qui doit toucher la fin du premier trait lorsqu'il descend.

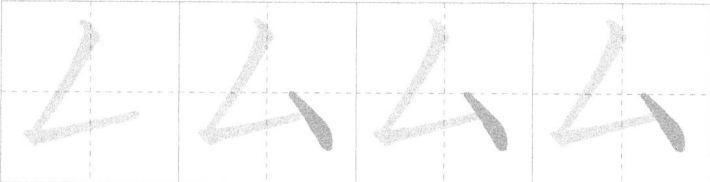

ÉCRIRE　　Commencez par tracer les formes dans les grandes cellules ci-dessous.

S'ENTRAÎNER　　Ensuite, entraînez-vous à dessiner ce caractère dans ces petites cellules.

メ　メ　**me**　　PARLER　　Prononcé comme "mé" de "mémoire".

APPRENDRE

Ce kana se dessine avec deux traits : un dégradé et un arrêt.

Votre premier trait est une ligne courbe relativement longue, tracée du quadrant supérieur droit vers le quadrant inférieur gauche. Ce trait doit être dégradé vers la fin. La deuxième marque diagonale est une courbe plus courte qui coupe le milieu de votre premier trait et se termine par un arrêt.

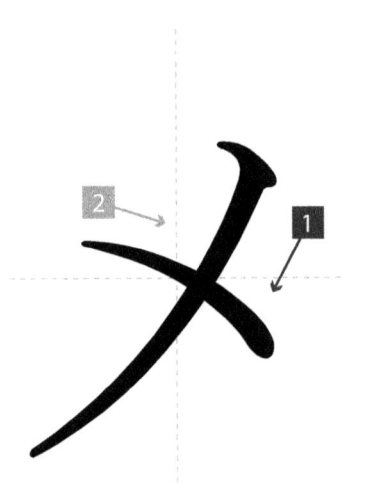

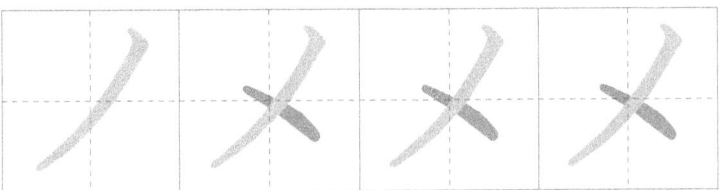

ÉCRIRE

Commencez par tracer les formes dans les grandes cellules ci-dessous.

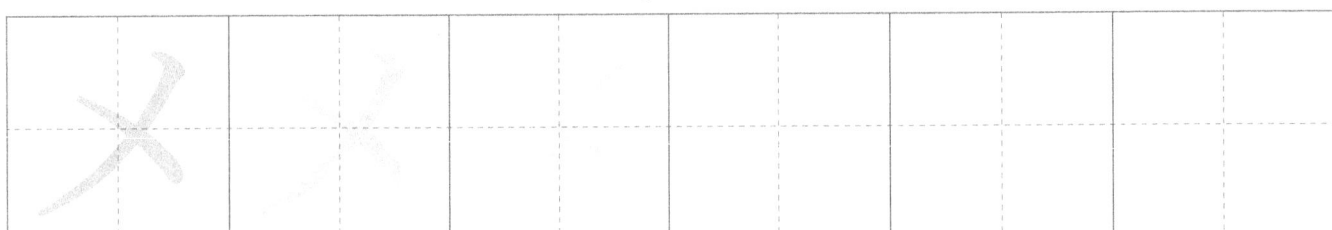

S'ENTRAÎNER

Ensuite, entraînez-vous à dessiner ce caractère dans ces petites cellules.

PARLER | Prononcé comme le "mo" de "moment".

APPRENDRE

Ce kana a trois traits ; tous sont des arrêts.

Pour ce kana, commencez par tracer le premier et le deuxième trait sous forme de deux lignes horizontales. Le deuxième trait doit être un peu plus long que le premier. Votre troisième trait commence sur le premier trait et est dessiné comme une ligne verticale vers le bas, pour commencer. Il coupera votre deuxième trait et, lorsque votre stylo approchera du bas de la cellule, il tournera doucement vers la droite et s'arrêtera sur la droite.

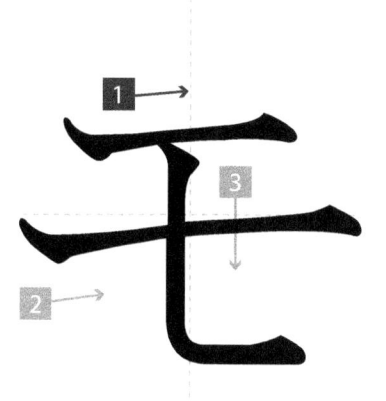

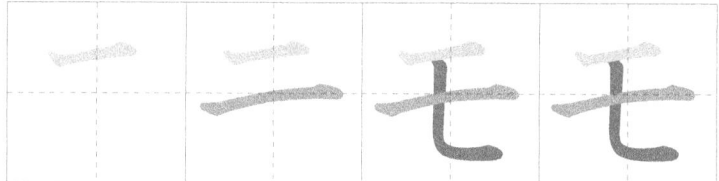

ÉCRIRE — Commencez par tracer les formes dans les grandes cellules ci-dessous.

S'ENTRAÎNER — Ensuite, entraînez-vous à dessiner ce caractère dans ces petites cellules.

ヤ ヤ ya

PARLER Prononcé comme le "ya" de "yaourt".

APPRENDRE

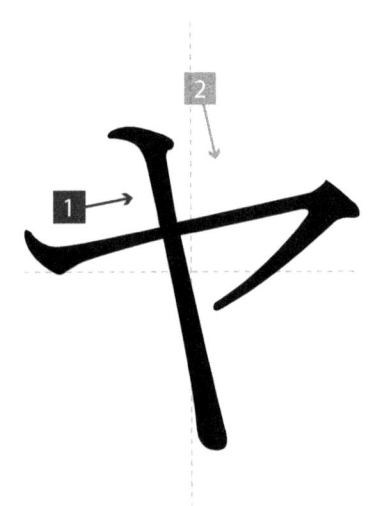

Dessinez ce kana avec deux traits : un dégradé et un arrêt. Pour ce kana, nous commençons par tracer une ligne droite de gauche à droite, avec un angle relativement faible vers le haut. Lorsque nous nous approchons du côté droit de la cellule, il tourne brusquement vers le bas et revient vers le centre en dégradé. Votre deuxième coup est une longue ligne diagonale à partir de la partie supérieure gauche de la cellule, plus proche du centre que du côté, et il coupe le premier trait à environ un tiers du début.

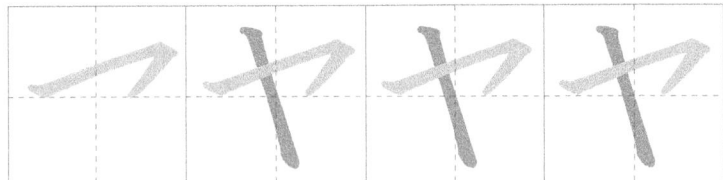

ÉCRIRE Commencez par tracer les formes dans les grandes cellules ci-dessous.

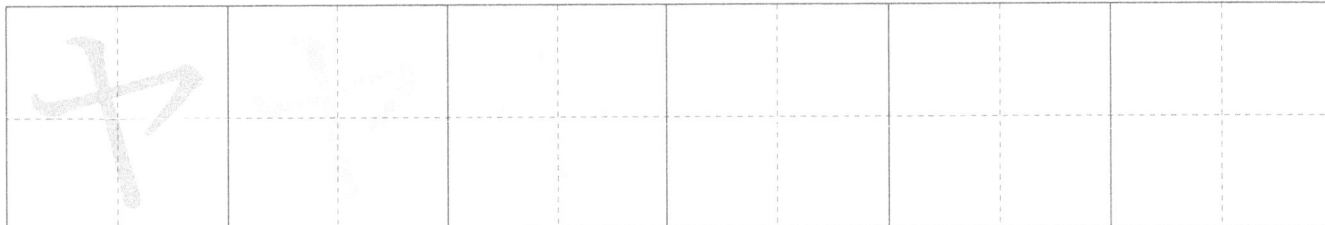

S'ENTRAÎNER Ensuite, entraînez-vous à dessiner ce caractère dans ces petites cellules.

 **yu**

PARLER   Prononcé comme le "yu" du prénom "Yusef".

APPRENDRE

Ce kana se dessine avec deux traits ; les deux sont des arrêts.

Votre premier trait commence par une courte ligne horizontale, puis fait un virage serré vers le bas pour s'arrêter. Le deuxième trait commencera plus à gauche que le premier, et en dessous de la ligne centrale. Il s'agit d'une ligne horizontale plus longue qui doit toucher la fin du premier trait. Pour que ce symbole ne soit pas confondu avec le katakana ⊐, veillez à ce que le deuxième trait s'étende davantage des deux côtés.

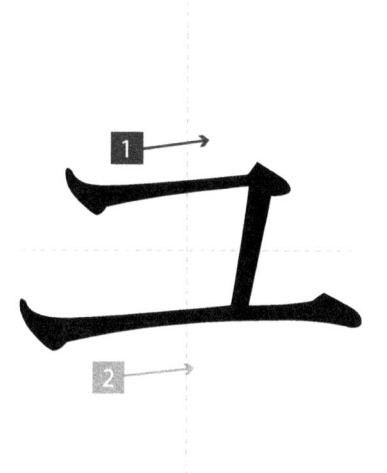

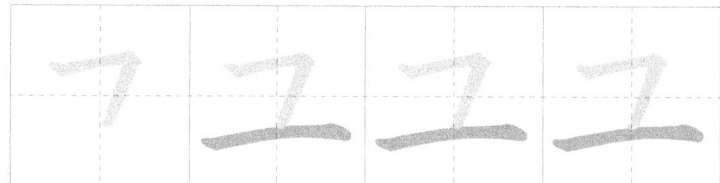

ÉCRIRE   Commencez par tracer les formes dans les grandes cellules ci-dessous.

S'ENTRAÎNER   Ensuite, entraînez-vous à dessiner ce caractère dans ces petites cellules.

ヨ ヨ yo

PARLER Prononcé comme le "yo" de yo-yo.

APPRENDRE

Ce kana se dessine avec trois traits : tous des arrêts.

Ce kana ressemble à la lettre E à l'envers et, comme le kana de la page précédente, il commence par une ligne horizontale qui se transforme en ligne verticale sur le côté droit. La deuxième ligne, légèrement plus courte, traverse le milieu de la cellule pour rejoindre le centre de la ligne verticale. Pour terminer, le troisième trait est un peu plus long, de gauche à droite, et rejoint la fin du premier trait dans le quadrant inférieur droit.

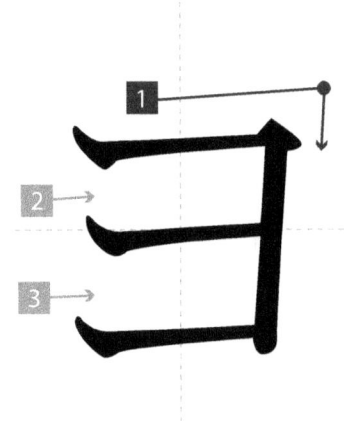

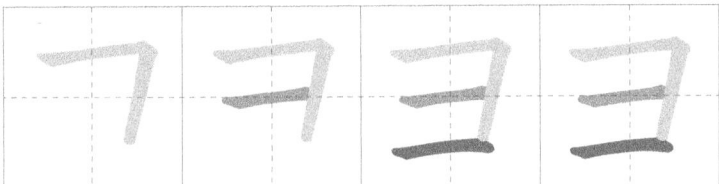

ÉCRIRE Commencez par tracer les formes dans les grandes cellules ci-dessous.

S'ENTRAÎNER Ensuite, entraînez-vous à dessiner ce caractère dans ces petites cellules.

ラ ラ **ra**

PARLER   Prononcé comme le "la" de "lavande".

APPRENDRE

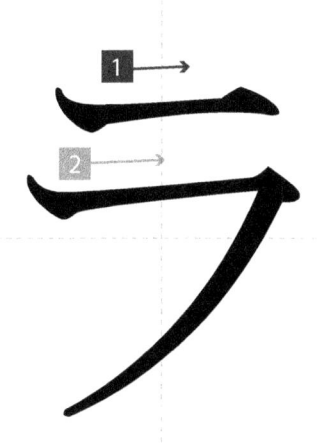

Ce kana se dessine en deux traits : stop, dégradé.

Commencez par faire une courte ligne horizontale avec un trait d'arrêt près du haut de la cellule. Le deuxième trait ressemble à la forme du chiffre 7 et commence par une ligne horizontale plus longue, parallèle au premier trait. Il tourne ensuite pour former une longue ligne diagonale incurvée. Ce trait s'estompe en direction de la zone centrale en bas.

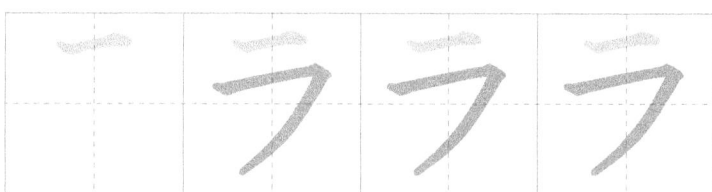

ÉCRIRE   Commencez par tracer les formes dans les grandes cellules ci-dessous.

S'ENTRAÎNER   Ensuite, entraînez-vous à dessiner ce caractère dans ces petites cellules.

リ リ ri

PARLER   Prononcé comme le "li" de "lire".

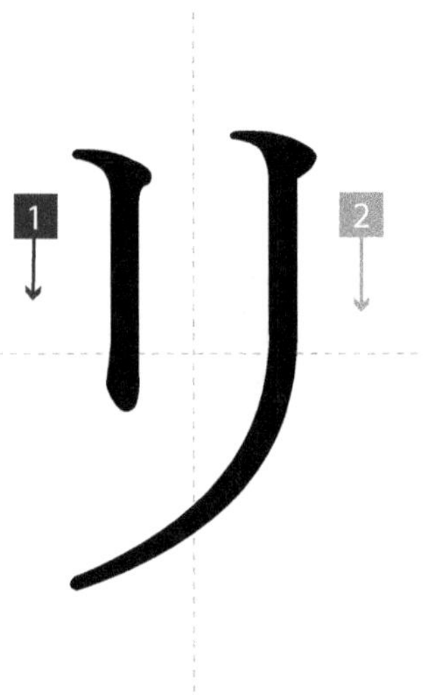

APPRENDRE

Ce kana se dessine en deux traits : stop, dégradé.

Ce caractère Katakana ressemble visuellement à son homologue Hiragana. Le premier trait est simplement une ligne droite et verticale allant de la zone supérieure gauche jusqu'à la ligne centrale. Il se termine par un stop. Le deuxième trait commence à la même hauteur que le premier et est tracé en ligne droite jusqu'à la ligne centrale avant de revenir vers la partie inférieure gauche de la cellule - terminez ce trait par dégradé.

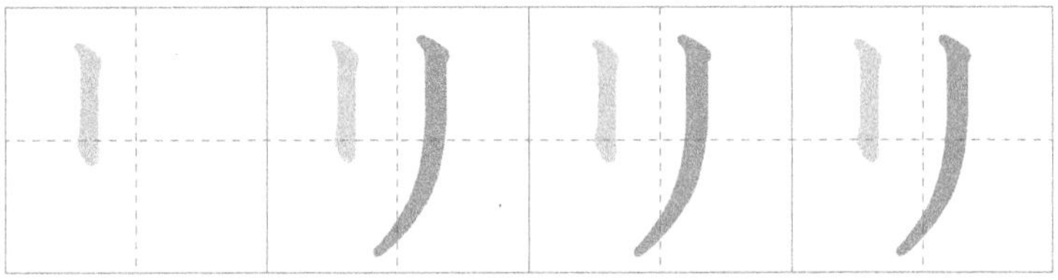

ÉCRIRE   Commencez par tracer les formes dans les grandes cellules ci-dessous.

S'ENTRAÎNER   Ensuite, entraînez-vous à dessiner ce caractère dans ces petites cellules.

ル ル ru

PARLER Prononcé comme le "lu" de "lucarne".

APPRENDRE

Ce kana se dessine en deux traits, tous deux en dégradé.

Commencez par tracer une ligne courbe de la zone supérieure vers le côté inférieur gauche et dégradez-le vers la fin. Le deuxième trait commence par une ligne droite verticale partant d'un point plus élevé que le premier, et juste à droite de la ligne centrale. Lorsque votre stylo s'approche du bas, tournez brusquement vers la droite et vers le haut avec un trait légèrement incurvé et dégradé pour terminer.

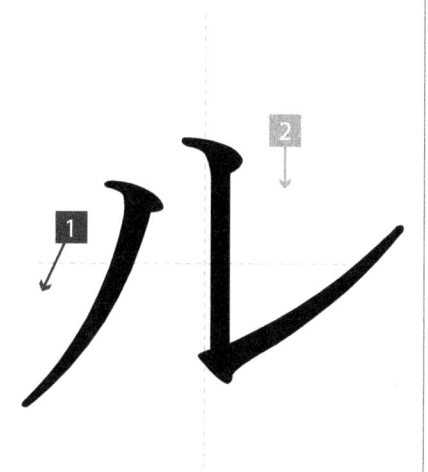

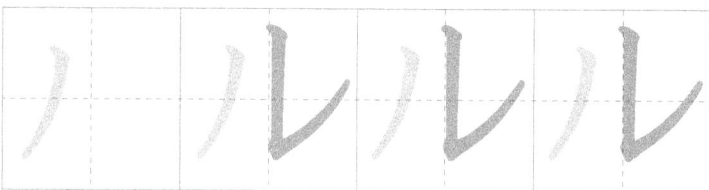

ÉCRIRE Commencez par tracer les formes dans les grandes cellules ci-dessous.

S'ENTRAÎNER Ensuite, entraînez-vous à dessiner ce caractère dans ces petites cellules.

レ レ **re**

PARLER   Prononcé comme le "lé" de "lézard".

APPRENDRE

Dessiné avec un seul trait ; un long dégradé.

Ce kana est essentiellement le même que le deuxième trait du symbole katakana précédent ル, sauf qu'il est plus large, positionné au centre de la cellule, et se termine par une courbe dégradée plus longue au bout.

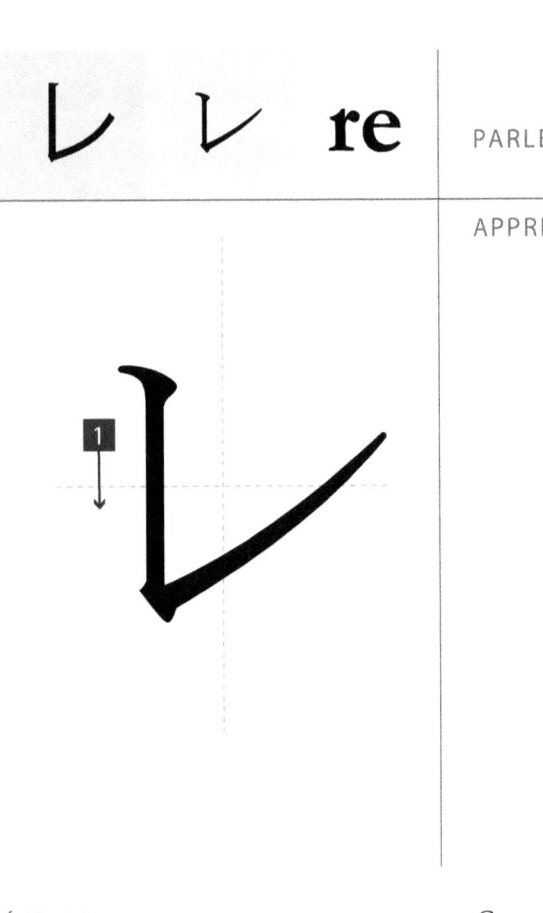

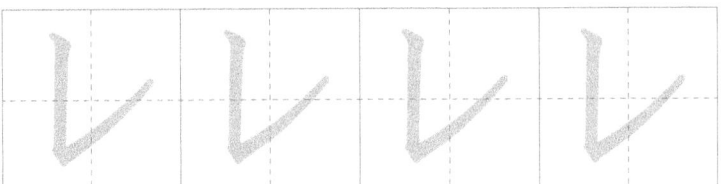

ÉCRIRE   Commencez par tracer les formes dans les grandes cellules ci-dessous.

S'ENTRAÎNER   Ensuite, entraînez-vous à dessiner ce caractère dans ces petites cellules.

ロ ロ **ro**

PARLER   Prononcé comme le "lo" de "losange".

APPRENDRE

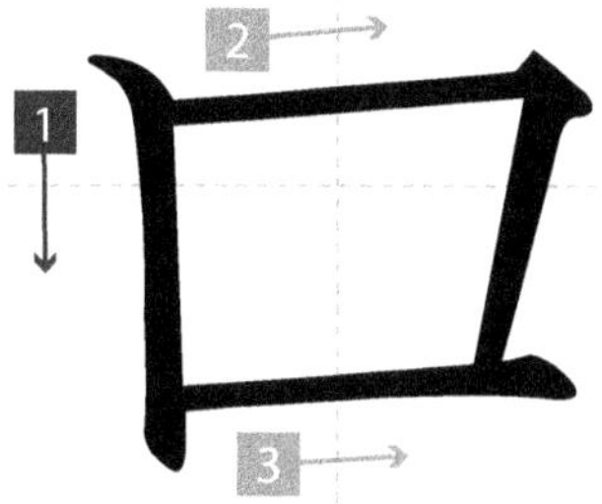

Ce kana se dessine avec trois traits ; tous sont des arrêts. Faites votre premier trait avec une ligne verticale droite dans la moitié gauche de la cellule. Le deuxième trait commence au même endroit que le premier et est tiré vers la droite avant de redescendre en ligne droite. Le dernier trait est une autre ligne droite horizontale, qui commence à la fin du premier trait. Terminez par un arrêt lorsque votre stylo rejoint la fin du deuxième trait. La forme de boîte sera positionnée en bas au centre de l'ensemble.

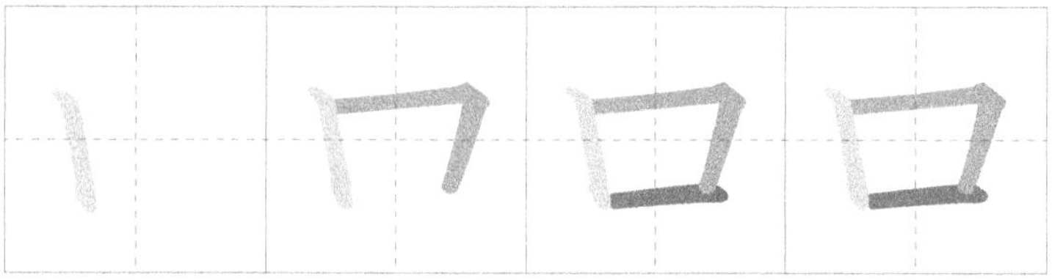

ÉCRIRE   Commencez par tracer les formes dans les grandes cellules ci-dessous.

S'ENTRAÎNER   Ensuite, entraînez-vous à dessiner ce caractère dans ces petites cellules.

ワ ワ **wa**

PARLER   Prononcé comme le "wa" de "wasabi".

APPRENDRE

Ce kana se dessine en deux traits : stop, dégradé.

Pour que ce kana ne soit pas confondu avec le Katakana ク, il est important que votre premier trait fasse une ligne verticale droite. Le deuxième trait commence au même endroit que le premier et se déplace tout droit vers la droite avant de tourner et de devenir une ligne diagonale incurvée. Ce trait doit être dégradé progressivement lorsqu'il se rapproche du bas, près du centre.

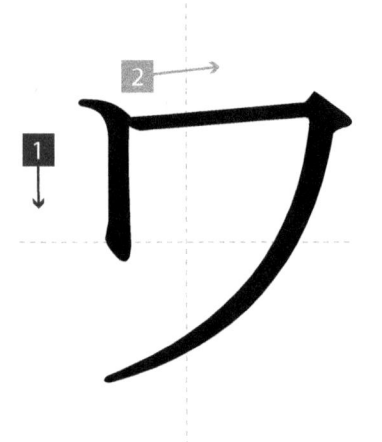

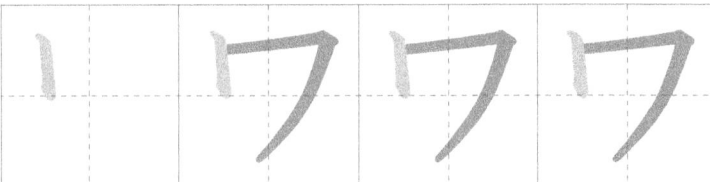

ÉCRIRE   Commencez par tracer les formes dans les grandes cellules ci-dessous.

S'ENTRAÎNER   Ensuite, entraînez-vous à dessiner ce caractère dans ces petites cellules.

ヲ ヲ wo*

PARLER Prononcé comme le "oh" de woah, avec un "w" muet.

APPRENDRE

Dessiné avec trois traits ; un long dégradé et deux arrêts.

Notre avant-dernier caractère kana commence par deux traits horizontaux dans la moitié supérieure de la cellule. Ce sont des traits parallèles et le deuxième est légèrement plus court. Le troisième trait est une longue courbe qui commence à la fin du premier trait. Il doit rejoindre la fin du deuxième trait et s'estomper dans la partie inférieure gauche de la cellule.

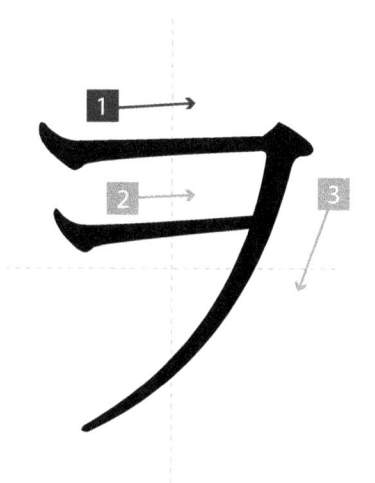

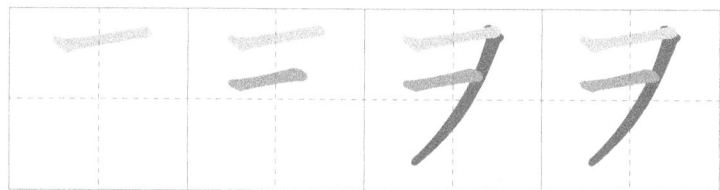

Uncommon kana, used as a particle.

ÉCRIRE Commencez par tracer les formes dans les grandes cellules ci-dessous.

S'ENTRAÎNER Ensuite, entraînez-vous à dessiner ce caractère dans ces petites cellules.

 **n**

PARLER   Prononcé comme le son "n" de "encre".

APPRENDRE

Ce kana se dessine avec deux traits : arrêt court, dégradé.

Notre dernier katakana de base ン est facilement confondu avec ソ , il est donc essentiel que le caractère soit dessiné plus large dans l'ensemble. Le premier trait est une ligne angulaire assez courte, presque verticale, qui se termine par un stop. Le deuxième trait est une ligne plus superficielle, incurvée, partant en diagonale du côté inférieur gauche et remontant vers le côté supérieur droit, et en étant progressivement dégradé vers la fin.

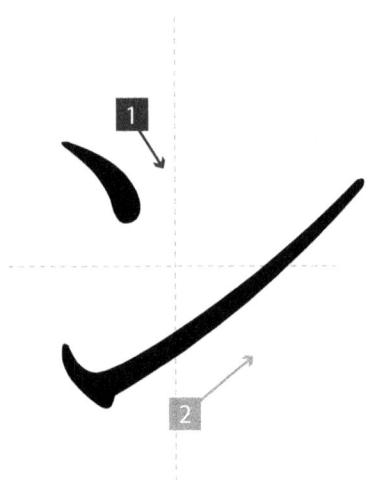

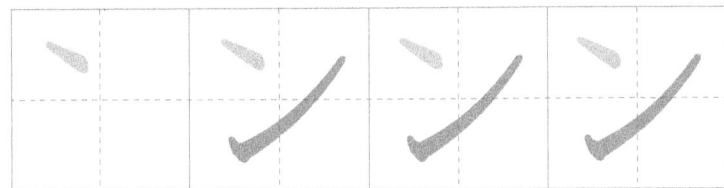

ÉCRIRE   Commencez par tracer les formes dans les grandes cellules ci-dessous.

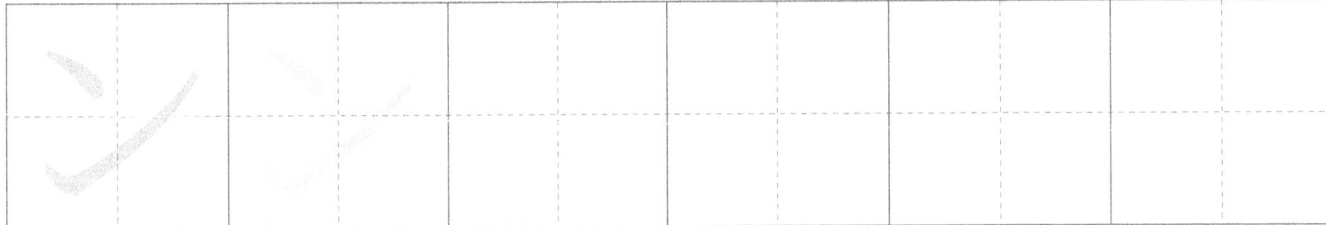

S'ENTRAÎNER   Ensuite, entraînez-vous à dessiner ce caractère dans ces petites cellules.

Partie 6

GENKOUYOUSHI

DU PAPIER QUADRILLÉ POUR VOUS ENTRAINER

Partie 7

CARTES FLASH
À PHOTOCOPIER OU À DÉCOUPER & CONSERVER

め	や	む
い	か	こ
つ	せ	ゃ
ざ	へ	し

a
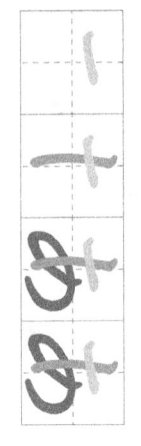
Prononcé comme le "a" de "après" ou "appareil".

i
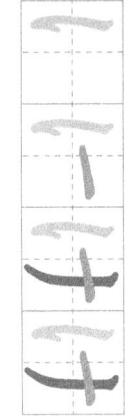
Prononcé comme le "i" dans "intéressant" mais plus long.

o
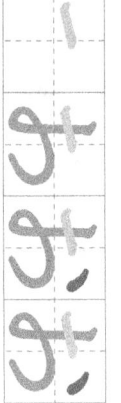
Prononcé comme le "o" dans "original".

ke
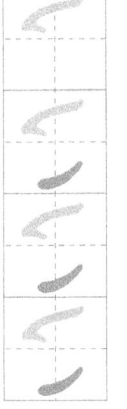
Prononcé comme le mot "quai".

ka
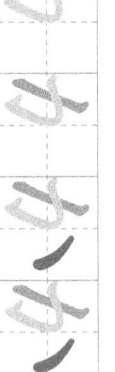
Prononcé comme le "ca" dans "California".

u
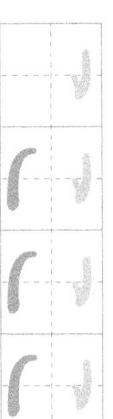
Prononcé comme le "u" dans "unité".

ko
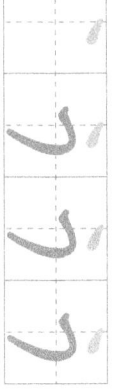
Prononcé comme le "co" de "composition".

ki
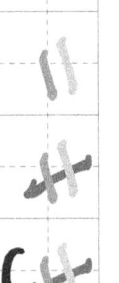
Prononcé comme le "ki" dans "kiné".

e

Prononcé comme le "é" comme dans "étirement".

shi
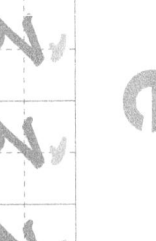
Prononcé comme "chi" dans "Chine".

sa
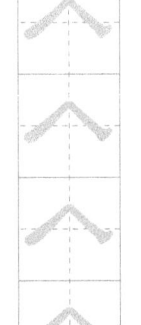
Prononcé comme le "sa" de "sardines".

ku
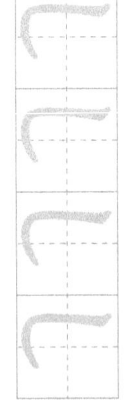
Prononcé comme le "cu" de "Cuba".

す	ち	さ
せ	し	に
そ	て	め
た	と	ぬ

su
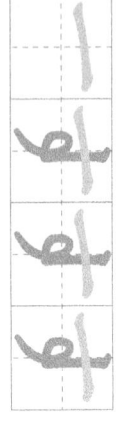
Prononcé comme le "su" de "super".

chi

Prononcé comme le "chi" de "tai-chi".

na
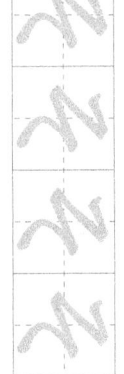
Prononcé comme le "na" de narval.

se
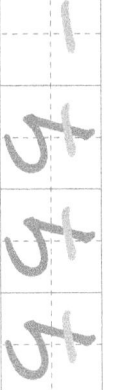
Prononcé comme "sé" dans "Sénégal".

tsu
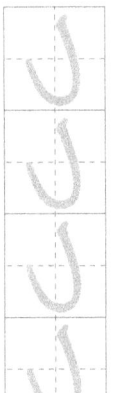
Prononcé comme le "tsu" de "tsunami".

ni
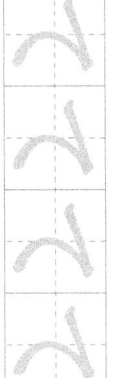
Prononcé comme le "ni" de "Nice".

so
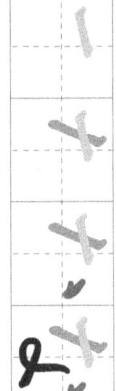
Prononcé comme le "so" de "soja".

te
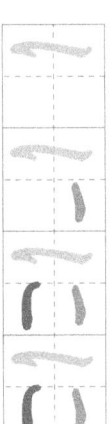
Prononcé comme le mot "thé".

nu
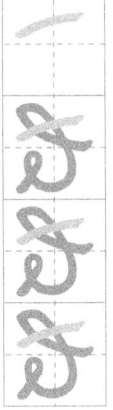
Prononcé comme le "nu" de "nuance".

ta
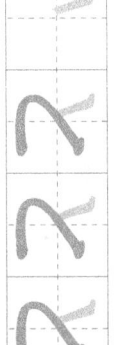
Prononcé comme le "ta" de "tapis".

to
Prononcé comme le "to" de "ton".

ne
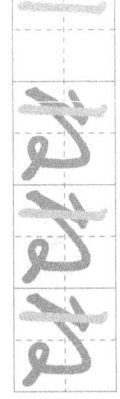
Prononcé comme le "né" de "négative".

no
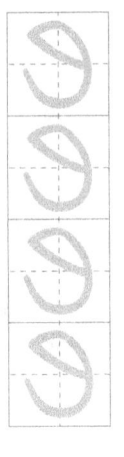
Prononcé comme le "no" de "noble".

ha

Prononcé comme le "ha" quand on rit, comme ha-ha.

hi
Prononcé comme le "hi" de "hippopotame".

fu
Prononcé comme le "hu" de "humain".

he
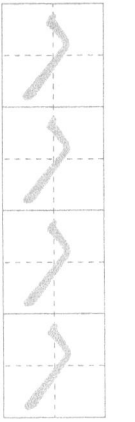
Prononcé comme le "hé" de "Hélène".

ho
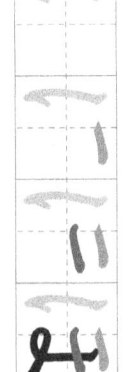
Prononcé comme le "ho" de "homogène".

ma
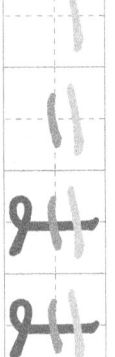
Prononcé comme le "ma" de "maman".

mi
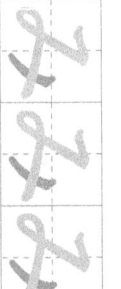
Prononcé comme le "mi" de "mignon".

mu
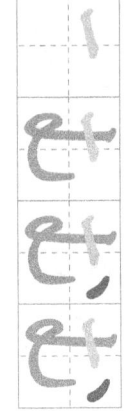
Pronounced like 'moo' but in move.

me
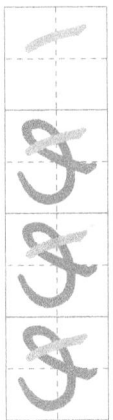
Prononcé comme "mé" de "mémoire".

mo
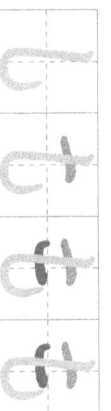
Prononcé comme le "mo" de "moment".

ya

Prononcé comme le "ya" de "yaourt".

め	ふ	ね	し
む	あ	ち	も
さ	や	く	わ

yu
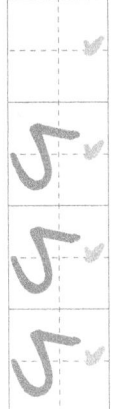
Prononcé comme le "yu" du prénom "Yusef".

yo
Prononcé comme le "yo" de yo-yo.

re
Prononcé comme le "lé" de "lézard".

ri
Prononcé comme le "li" de "lire".

ra
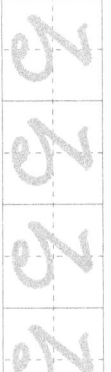
Prononcé comme le "la" de "lavande".

ru
Prononcé comme le 'rew' dans l'infusion.

ro
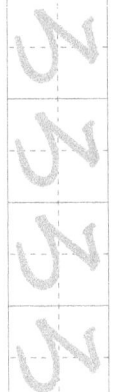
Prononcé comme le "lo" de "losange".

wa

Prononcé comme le "wa" de "wasabi".

wo
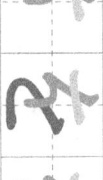
Prononcé comme le "oh" de woah, avec un "w" muet.

n*
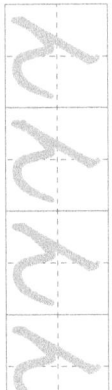
Prononcé comme le son "n" de "encre".

ア	カ	ガ
イ	ク	ヨ
ム	サ	サ
エ	タ	シ

a
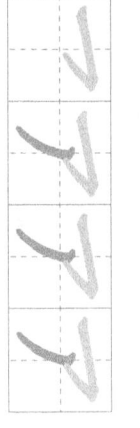
Prononcé comme le "a" de "après" ou "appareil".

i
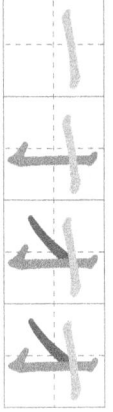
Prononcé comme le "i" dans "intéressant" mais plus long.

u
Prononcé comme le "u" dans "unité".

e
Prononcé comme le "e" comme dans "étirement".

o
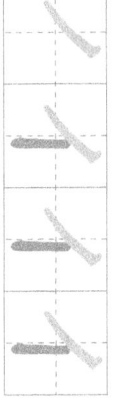
Prononcé comme le "o" dans "original".

ka
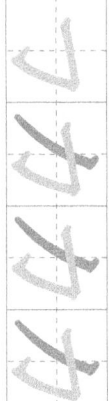
Prononcé comme le "ca" dans "Californie".

ki
Prononcé comme le "ki" dans "kiné".

ku
Prononcé comme le "cu" de "Cuba".

ko
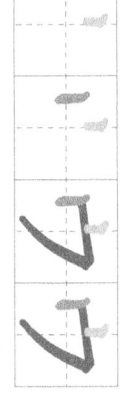
Prononcé comme le "co" de "composition".

sa
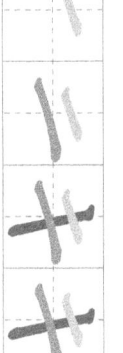
Prononcé comme le "sa" de "sardines".

shi
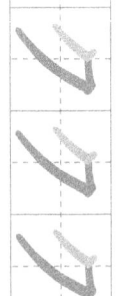
Prononcé comme "chi" dans "Chine".

ke
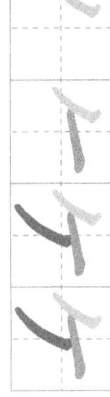
Prononcé comme le mot "quai".

ス	チ	十
セ	ッ	ニ
ノ	ホ	ヌ
タ	ト	ネ

su
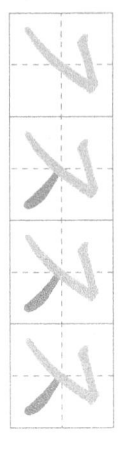
Prononcé comme le "su" de "super".

se
Prononcé comme "se" dans "Sénégal".

so
Prononcé comme le "so" de "soja".

ta
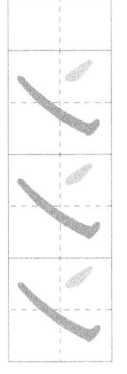
Prononcé comme le "ta" de "tapis".

chi
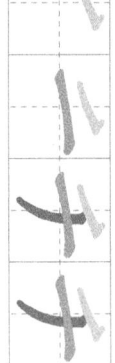
Prononcé comme le "chi" de "tai-chi".

tsu
Prononcé comme le "tsu" de "tsunami".

te

Prononcé comme le mot "thé".

to
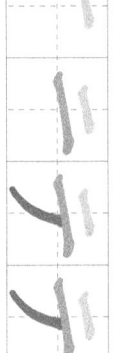
Prononcé comme le "to" de "ton".

na
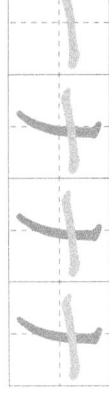
Prononcé comme le "na" de narval.

ni
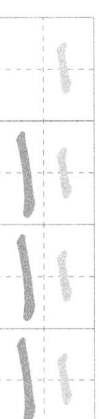
Prononcé comme le "ni" de "Nice".

nu

Prononcé comme le "nu" de "nuance".

ne
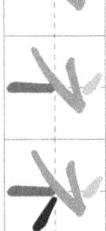
Prononcé comme le "ne" de "négative".

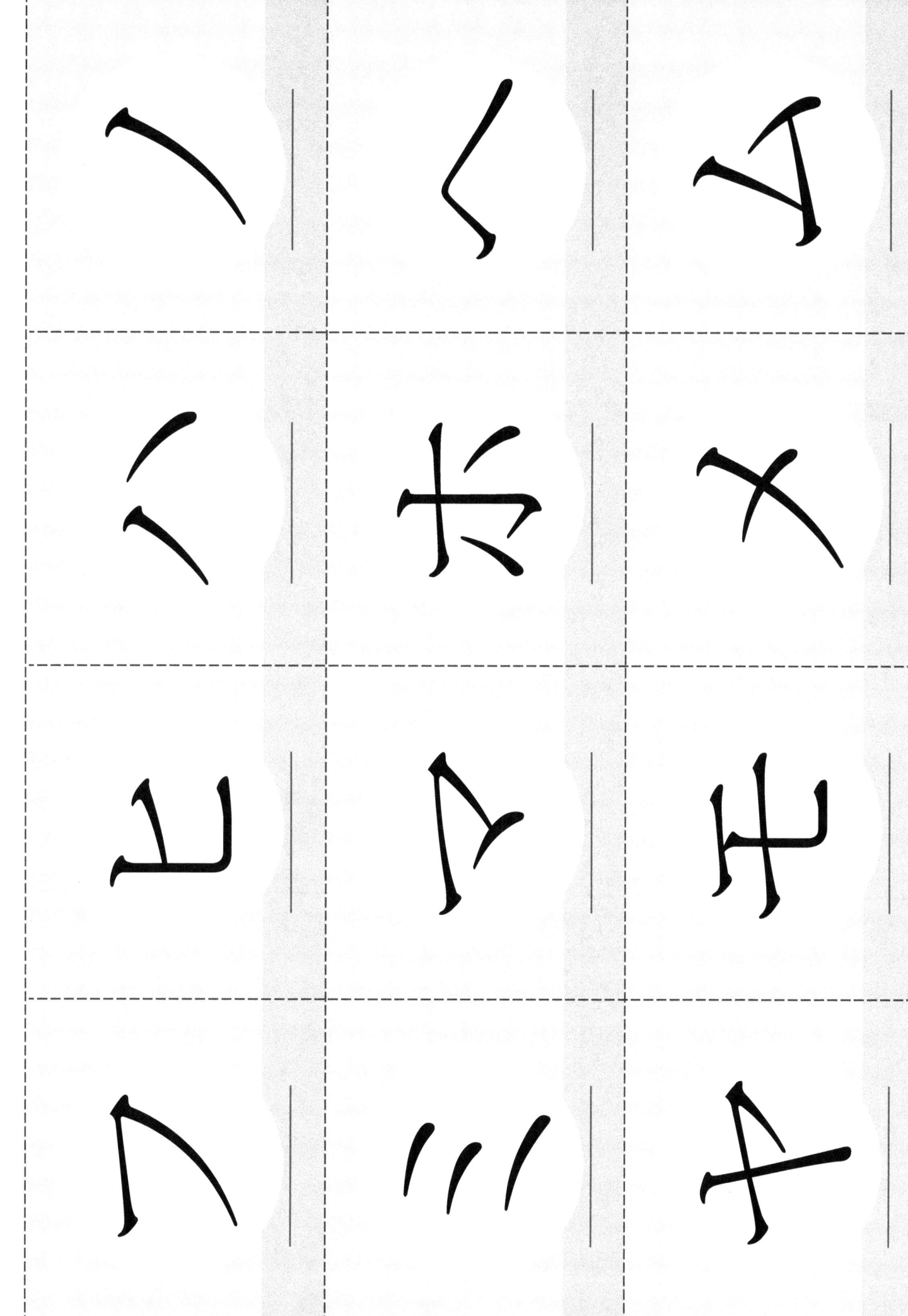

no
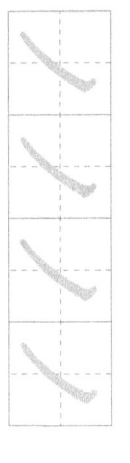
Pronounced like the 'no' in nose.

ha
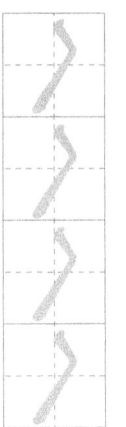
Pronounced as the 'ha' when laughing, like ha-ha.

hi
Prononcé comme le "hi" de "hippopotame".

fu
Prononcé comme le "hu" de "humain".

he

Pronounced like the 'he' in Helen.

ho
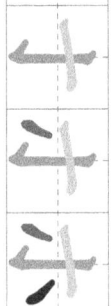
Pronounced like the 'ho' in home.

ma
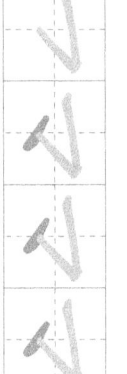
Prononcé comme le "ma" de "maman".

mi
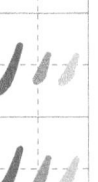
Prononcé comme le "mi" de "mignon".

mu
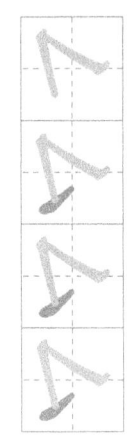
Pronounced like 'moo' but in move.

me
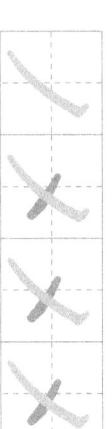
Pronounced like 'meh' like the 'me' in mend.

mo
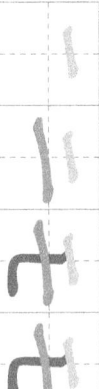
Prononcé comme le "mo" de "moment".

ya
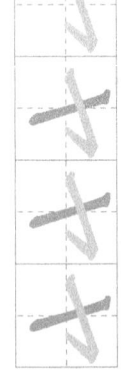
Prononcé comme le "ya" de "yaourt".h

ヲ	ヘ	マ
ル	ミ	ヽ
ヰ	ロ	
ノ	ク	

yu
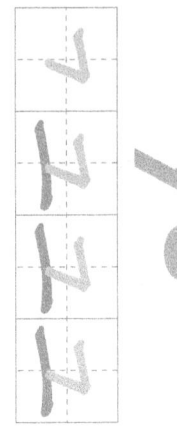
Prononcé comme le "yu" du prénom "Yusef".

yo
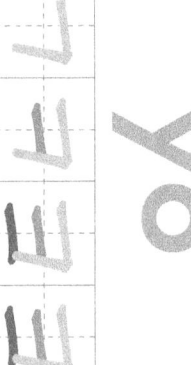
Pronounced just like the 'yo' in yo-yo.

ru
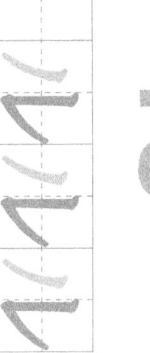
Prononcé comme le 'rew' dans l'infusion.

ri

Prononcé comme le "lj" de "lire".

re
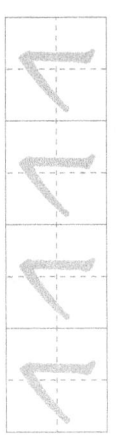 
Prononcé comme le "lé" de "lézard".

ra
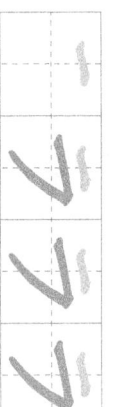 
Prononcé comme le "la" de "lavande".

ro
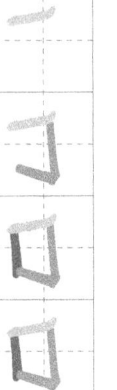 
Prononcé comme le "lo" de "losange".

wa
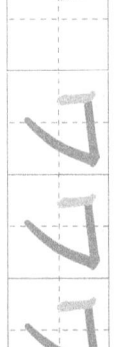 
Prononcé comme le "wa" de "wasabi".

wo
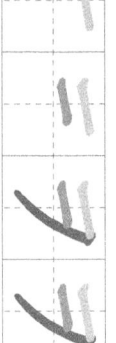
Prononcé comme le "oh" de woah, avec un "w" muet.

n*

Prononcé comme le son "n" de "encre".

ありがとう
arigatou

Merci !

Un grand merci d'avoir choisi notre livre !

Vous êtes maintenant sur la bonne voie pour apprendre à lire, écrire et parler le japonais, et nous espérons que vous avez apprécié notre classeur Hiragana & Katakana.

Si vous avez aimé apprendre avec nous, nous apprécierons beaucoup que vous nous fassiez part de vos progrès en nous envoyant un avis !

Nous cherchons toujours à savoir s'il y a quelque chose que nous pouvons faire pour améliorer nos livres pour les futurs étudiants. Nous nous engageons à fournir le meilleur contenu d'apprentissage des langues possible, alors n'hésitez pas à nous contacter par e-mail si vous avez rencontré un quelconque problème avec le contenu de ce livre :
hello@polyscholar.com

POLYSCHOLAR

www.polyscholar.com

© Copyright 2020 George Tanaka - All rights reserved.

Legal Notice: This book is copyright protected. This book is only for personal use. The content contained within this book may not be reproduced, duplicated or transmitted without direct written permission from the author or the publisher. You cannot amend, distribute, sell, use, quote or paraphrase any part of the content within this book, without the consent of the author or publisher.

www.ingramcontent.com/pod-product-compliance
Lightning Source LLC
LaVergne TN
LVHW080303260326
834688LV00043B/1228